QUAND LE BONHEUR ARRIVE

Mirjam PRESSLER

Quand le bonheur arrive

Traduit de l'allemand par Martin Ziegler

POCKET

Titre original :
Wenn das Glück kommt, muss man ihm einen Stuhl hinstellen

Publié pour la première fois en Allemagne en 1994 par les éditions Beltz Verlag, Weinheim und Basel.

Loi n° 49-956 du 16 juillet 1949 sur les publications destinées à la jeunesse : novembre 1997.

ISBN 2-266-07353-2

CHAPITRE PREMIER

Quand on ne peut pas mordre, il ne faut pas montrer les dents

Il reste deux pommes de terre. Elles sont presque blanches et vitreuses, avec des taches noirâtres, mais j'aimerais quand même en avoir encore une. Ou les deux. Prudente, j'avance la main. Aussitôt je sens le coup de pied contre mon tibia et pendant un moment j'ai du noir devant les yeux. Pas à cause de la douleur, à cause de la rage. Mais je me retiens et retire rapidement ma main. « Quand on ne peut pas mordre, il ne faut pas montrer les dents », a l'habitude de dire tante Lou. Duro est trop grande pour moi, la mordre ne mènerait à rien. Elle a quatorze ans déjà, à Pâques elle sera partie. Après le foyer, elle veut entrer en apprentissage pour devenir couturière ;

c'est ce qu'elle a dit. Elle prend le plat, fait glisser les deux pommes de terre dans son assiette et verse dessus le reste de sauce à la moutarde. Inge, à l'autre bout de la table, a tout vu. Elle fronce les sourcils et hausse imperceptiblement les épaules.

Mlle Urban, à la table d'à côté, se lève pour agiter la clochette qui est toujours posée devant son assiette. Une clochette en laiton jaune dépoli, avec un motif de fleurs ciselées et un manche de bois noir. Notre table se tait aussitôt parce qu'il est impossible de ne pas entendre la sonnerie. L'une après l'autre, les tables dans la cantine font silence, jusqu'à la dernière.

– Écoutez-moi bien, dit Mlle Urban. J'attends les filles de cinquième et de quatrième en salle de travaux manuels à une heure et demie. Toutes !

Renate, la seule de notre chambre à être à la même table et dans la même classe que moi, se fait toute petite. Elle semble soudain minuscule, comme si Duro lui avait donné un coup de pied à elle aussi. Mais Renate ne chercherait jamais à mettre la main sur les dernières pommes de terre.

– N'aie pas peur, lui dis-je en chuchotant. Elle va peut-être nous annoncer que nous partons toutes aux États-Unis, ou que nous allons descendre le Mississippi en radeau !

Renate ne trouve pas cela drôle et ne rit donc pas. Apparemment, elle n'a jamais lu *Huckleberry Finn*. Elle rentre encore plus le cou dans les épaules, si bien que je suis furieuse contre moi-même de lui avoir parlé. Et je suis aussi furieuse contre elle. Je ne voulais pas lui faire de mal, pas moi. Elle peut se taire aussi longtemps qu'elle veut, je m'en fiche. Je ne m'impose pas, moi, jamais. Une phrase importante dans mon livre de pensées dit : « Il ne faut jamais chercher à rire avec quelqu'un qui juste avant n'a pas au moins souri. »

Aujourd'hui, je ne suis ni de corvée de table ni de corvée de vaisselle ; à une heure à peine, je me retrouve donc dans notre chambre. Je m'assois sur le lit et passe doucement un doigt sur la bosse qui grossit sur mon tibia. Je vais sûrement avoir un bleu. Quelle grosse vache ! J'enlève mes chaussures. J'ai du mal à retirer la chaussure droite : ce matin le lacet s'est cassé pour la quatrième fois, et j'ai dû faire un nœud. Du coup, le nœud ne passe plus dans l'œillet et je suis obligée de le défaire. Je glisse le bout cassé dans la chaussure et m'allonge sur le lit.

J'appuie très fort la tête contre mon beau dessus-de-lit rouge brun et je pense à tante Lou. Je ne pense qu'à elle. Toujours. À qui d'autre, sinon ? Il y a des pensées qui me font mal, qui me donnent la nausée. Je n'en veux pas, de ces pensées, je les repousse. Mais penser à tante Lou, c'est toujours bien. Comme si, au milieu de l'orage, le ciel se déchirait, montrant un bout de ciel bleu. Un jour que nous étions dans la Taunus, tante Lou et moi, nous avons vu un arc-en-ciel. Tante Lou est devenue très solennelle et elle m'a chanté une chanson, en polonais. Je n'ai pas tout compris, mais c'était beau. Je fredonne la mélodie dans ma tête.

À une heure et demie, Élisabeth dit :

– Vous venez, il est temps d'y aller.

Sans qu'on me voie, je caresse une dernière fois mon dessus-de-lit, puis je me lève pour aller en salle de travaux manuels. Dans la main je tiens le bout de lacet.

La salle est pleine. Toutes les filles de cinquième et de quatrième sont là. Plus de trente. Elles sont assises sur les chaises, sur les tables et même sur les rebords de fenêtre. Il y a pas mal de bruit. Inge est installée sur une des tables près du mur, à côté de la porte du grenier où sont rangées nos valises. Elle me fait un signe de la main et tape avec l'autre sur la place libre à côté d'elle.

Sur la grande table de coupe il y a trois cartons. Mlle Urban a posé les mains dessus et attend que tout le monde se taise enfin.

– Peut-être qu'on a reçu des colis de rations

alimentaires des États-Unis, chuchote Inge. Imagine, Halinka, des paquets avec du chocolat et du beurre de cacahouètes.

– Ça n'existe plus, ces choses-là, lui dis-je à voix très basse. Depuis longtemps.

Inge hausse les épaules.

Sait-on jamais. Il pourrait y avoir un miracle.

Dans mon livre de pensées il y a écrit : « Il ne faut jamais espérer un miracle, à moins d'être certain qu'il se produise réellement. » J'ai noté cette phrase le jour où tante Lou est allée pour la deuxième fois chez mon tuteur et que cette fois-là encore elle n'a pas pu obtenir ma garde. Elle était pourtant persuadée que cela marcherait, puisqu'elle avait trouvé un travail fixe.

Mlle Urban lève la main.

– Silence ! crie-elle. Écoutez-moi ! J'ai une superbe proposition à vous faire !

Inge se rapproche de moi et me dit à voix basse :

– Tu parles ! Quand elle propose un truc, celle-là, c'est forcément nul !

Inge ne peut pas souffrir Mlle Urban. Je crois qu'elle regrette toujours Mme Maurer, la directrice du foyer des enfants Hildegardis où nous étions avant, toutes les deux. Moi, je préfère Mlle Urban, si on peut parler de préférence. Au moins elle ne demande pas sans cesse ce qu'on pense et ne cherche pas tout le temps à vous prendre dans ses bras ni à vous embrasser.

Mlle Urban frappe plusieurs fois dans ses mains pour que tout le monde se taise. Elle nous parle d'une Maison de repos pour les mères convalescentes. Elle a été créée par Mme Elly Heuss-Knapp, la femme de notre président fédéral. En 1950, il y a donc deux ans. Je n'ai encore jamais entendu parler de cette Mme Heuss-Knapp ; en revanche, le nom de Theodor Heuss me dit quelque chose, sans doute l'ai-je entendu à la radio, mais ce qu'est exactement un président fédéral, je l'ignore. Mlle Urban explique que cette Mme Heuss-Knapp est une femme bonne, intelligente, charitable. Et que nous devrions faire la quête dans la rue pour la Maison de repos pour les mères convalescentes afin que les pauvres mères puissent se rétablir et que Mme Heuss-Knapp soit contente.

– Qu'est-ce que ça veut dire : convalescence ? demande Inge.

Mlle Urban lui explique que cela signifie guérir. Je le sais, moi, car j'ai déjà séjourné dans ce genre de maison. On l'appelle également sanatorium ; on vous y donne tous les jours beaucoup de beurre pour vos tartines et beaucoup de lait ; et après le déjeuner il faut rester allongé dehors dans une chaise longue pendant des heures, enveloppé dans une couverture, même quand il fait froid. Je n'ai pas beaucoup aimé le sanatorium, parce que je n'y connaissais personne, à part Hannelore, mais elle est morte peu après mon arrivée. Je me suis quand même rétablie. Pas étonnant, avec tout ce beurre ! Et en plus tante Lou me rendait visite une fois par mois. J'y suis restée presque six mois. Et il y a deux ans, quand Mme Heuss-Knapp – mais pourquoi porte-t-elle deux noms ? – a fondé cette maison, je venais tout juste d'arriver au foyer pour enfants Hildegardis, celui pour les petits. Je ne suis arrivée ici que l'année dernière après les vacances de Pâques, avec tout un groupe. Personne ne sait combien de temps je dois encore rester. Si j'ai de la chance, tante Lou va trouver un mari. Autrement cela peut encore durer des années. Je préfère ne pas y penser. Je n'arrive pas à l'imaginer et je n'en ai pas non plus envie.

Je regarde par la fenêtre, par-dessus les têtes de Susanne, de Claudia et de la nouvelle cinquième ; dans le contre-jour je vois à peine leurs visages, je distingue seulement des taches sombres et floues. Le ciel derrière elles est bleu avec quelques nuages blancs ; à part cela je ne distingue que la cime du grand marronnier dans la cour de l'école.

– Il faut que les mères puissent aller seules

dans cette maison, dit Mlle Urban, sans leurs enfants, pour être un peu déchargées de leurs tâches. Car les mères qui ont plusieurs enfants ont beaucoup trop à faire.

– Mais cette maison-là n'a pas été fondée pour nos mères, déclare la nouvelle cinquième. Pas pour nos mères à nous.

– Tais-toi donc ! dit Susanne très fort.

Susanne n'a plus de mère.

– Pour vos mères, c'est différent, précise Mlle Urban. Mais imaginez une mère avec cinq enfants qui court du matin au soir, qui n'arrête pas une minute entre la cuisine, la lessive. Un jour ou l'autre, elle a besoin de repos, sinon elle craque.

Je n'arrive pas à imaginer une mère qui fait la cuisine et la lessive pendant toute une journée, enchaînant les tâches du matin au soir. Je ne connais d'ailleurs pas beaucoup de mères, je ne connais que la mienne, et elle, en vérité, je préférerais ne pas la connaître. « Tais-toi », se fâche tante Lou quand je fais ce genre de remarque. « Ta mère a eu une vie difficile et elle ne l'a pas supportée. » Mais elle ne dit jamais ce que veut dire « difficile ». « Pourquoi alors est-elle si méchante ? » ai-je demandé un jour. Tante Lou m'a prise sur ses genoux pour me cajoler ; elle s'est même mise à pleurer un peu. Puis elle a dit :

« L'âme de ta mère est malade. Les coups ne viennent pas que de l'extérieur, petite Halinka, ils peuvent être plus profonds, ils peuvent frapper l'âme. Quand quelqu'un a vécu des choses terrifiantes, cruelles, il ne devient pas automatiquement meilleur. Il se peut qu'il devienne lui-même terrifiant et cruel. » Mais elle n'a pas voulu en dire plus.

Longtemps j'ai pensé à ce que m'avait expliqué tante Lou. Je ne suis pas sûre qu'elle ait raison. Moi aussi j'ai mes idées. Et tout bien considéré, je trouve que le contraire est plus juste : quand quelqu'un sait, pour l'avoir vécu, que les coups peuvent aussi frapper l'âme, il a encore moins le droit de frapper les autres.

– C'est leur faute si elles ont cinq enfants, dit Inge d'un ton fielleux. Moi, je ne veux pas d'enfant du tout.

Je ne sais pas si je veux des enfants, en tout cas, pas plus de deux. Ma mère n'a que moi et elle n'a jamais couru du matin au soir. J'ignore ce qu'elle fait maintenant. Cela ne me regarde pas, d'ailleurs. Plus maintenant. De toute façon, elle a rarement fait la cuisine pour moi quand j'étais chez elle. C'est aussi ce qu'a dit la femme de l'Assistance. « Elle ne s'occupe pas de sa fille, il faut lui retirer le droit de garde. Elle abandonne complètement cette enfant. »

Il y a des mots qui me donnent mal au ventre et me font presque pleurer. C'est comme ça. Le mot « abandonner » en fait partie. Discrètement je porte la main à la bouche pour me mordre le gras du pouce. Cela m'aide toujours quand je veux vite penser à autre chose.

Mlle Urban continue à parler.

C'est vraiment une bonne institution, dit-elle, et ce serait bien que vous soyez nombreuses à participer à la collecte. Alors, qui a envie de participer ?

Tante Lou n'a pas d'enfants. Peut-être qu'elle en aura, maintenant qu'elle connaît Uncle Sam Silver. J'espère que non. Je ne veux pas qu'elle ait des enfants à elle car elle n'aurait plus le temps de penser à moi et travaillerait toute la journée.

Il y a de plus en plus de bruit, toutes les filles se sont mises à parler entre elles.

– Ma mère n'a pas besoin de cette maison de repos, me dit Inge. Elle reste tous les jours au lit jusqu'à midi, du moins c'est ce qu'elle faisait avant. Et la tienne ?

Je ne me souviens pas jusqu'à quelle heure ma mère restait au lit le matin. Je sais seulement que le soir je devais attendre très longtemps qu'elle s'endorme. Car à partir de ce moment-là plus rien ne pouvait m'arriver. Mais cela ne regarde pas Inge. Cela ne regarde personne.

Je ne comprends pas Inge. Elle dit sans arrêt ce qui lui passe par la tête. Comme ça, sans réfléchir. Un jour, quand Duro lui a dit : « Ta mère a fait la pute avec les Amerloques », elle lui a répondu : « C'est vrai, mais qu'est-ce que je peux y faire ? Tu crois peut-être que ça me plaît ? » Inge est vraiment une des filles les plus bizarres de notre foyer. Je ne sais jamais si je dois la trouver bien ou nulle.

En tout cas, je ne lui réponds pas.

Je ne veux pas penser à ma mère, je préfère penser à tante Lou. Et si jamais un jour tante Lou avait cinq enfants et beaucoup de travail, j'aimerais qu'elle puisse partir se reposer quelque part. C'est sûr. C'est pourquoi je lève la main. Je suis la première à vouloir participer à la quête.

– Moi, je veux bien.

– Évidemment, chuchote Élisabeth, mais suffisamment fort pour que tout le monde l'entende. Les gitans ont ça dans le sang, faire la manche, on le sait bien.

Certaines filles se mettent à rire. Un pli se dessine au milieu du front de Mlle Urban mais elle fait celle qui n'a rien entendu.

Moi aussi. C'est ce qu'il y a de mieux à faire. Ou est-ce que je devrais dire que nous ne sommes pas des gitans, mais des Juifs ? Vaut mieux pas. Je crois qu'être juif, c'est encore pire qu'être gitan. Je me baisse pour refaire le nœud de mon lacet. Ce n'est pas si simple. Il faut que je le passe un trou plus bas si je veux pouvoir ensuite enlever la chaussure. Et il me reste à peine de quoi faire un nœud.

– Celle qui aura le tronc le plus plein aura un prix, ajoute Mlle Urban.

– Quoi, comme prix ? demande Inge.

– Une surprise. La présidente locale de cette maison de repos a dit que la plus grosse collecte remportera un prix.

Cela fait de l'effet. D'autres volontaires lèvent la main.

Mais prix ou non, Inge n'a pas envie de participer.

– Je ne veux pas qu'on m'envoie mendier, dit-elle, l'air méchant. Si je suis venue ici, après tout, c'est pour que ma mère ne puisse plus m'envoyer mendier.

– Il ne s'agit pas de mendier, précise Mlle Urban, il s'agit d'une collecte. Pour une bonne cause. Et puis tu n'es pas obligée de te joindre aux autres. Cette action ne s'adresse qu'aux volontaires. Mais évidemment, si tu ne participes pas, tu ne peux pas non plus avoir de prix.

Mlle Urban parle encore un peu de Mme Heuss-Knapp et de la maison, expliquant que tout cela est très bien et méritoire. Puis elle dit :

– Celles qui ont levé la main restent là. Les autres peuvent retourner dans leur chambre. Mais pas trop de bruit, s'il vous plaît, c'est encore l'heure de la sieste.

Quinze filles restent. De ma chambre, il n'y a que moi et Élisabeth. Normal. Renate est pour ainsi dire muette et ne parle que quand c'est absolument nécessaire, Dorothea ne sort presque jamais, parce qu'elle n'aime pas que des inconnus la regardent, Rosemarie est une paresseuse totale, Jutta déteste tout ce qui se fait à plus de deux, et jamais de la vie Susanne ne rendrait service aux « autres », même si on la payait. Les « autres », pour elle, ce sont tous les adultes et les enfants qui ne sont pas du foyer. Elle dit qu'elle les déteste. À nous aussi, d'ailleurs, elle ne nous rend que rarement service. Je ne sais pas pourquoi elle est comme ça. Elle a probablement des raisons. Mais elle n'est pas vraiment méchante. Quand on la laisse tranquille, elle vous fiche aussi la paix. Je connais Susanne depuis le foyer de Hildegardis, mais on n'était pas dans la même chambre. Elle a encore une petite sœur là-bas à qui elle rend visite une fois par mois.

Mlle Urban ouvre les cartons. Ils contiennent des troncs pour la collecte. Elle en donne un à chacune de nous. Comme toutes les filles n'ont pas levé la main pour participer à la collecte, un des cartons reste fermé.

Les boîtes sont en métal, avec une anse et une fente en haut pour introduire les pièces de monnaie. Le couvercle bombé est plombé pour qu'on ne puisse pas l'ouvrir. C'est normal, qui aurait l'idée de donner à des filles de notre foyer des boîtes ouvertes ? À leur place, j'aurais même mis un cadenas. Les boîtes sont d'un rouge pétant. Dessus, il y a écrit en lettres noires : « Maison de repos pour les mères convalescentes ».

– La collecte aura lieu aujourd'hui et demain, dit Mlle Urban. Samedi, les boîtes seront ramassées. Pendant ces deux jours vous serez libres entre deux heures et demie et cinq heures. M. Breitkopf est au courant. Vous pouvez quêter partout, dans les maisons ou dans la rue, où vous voulez. Je vous souhaite beaucoup de succès. Mais comportez-vous correctement ! Je ne veux pas qu'il y ait de plainte !

CHAPITRE II

Cinq minutes dans le jardin d'Éden valent mieux que toute une vie en enfer

Je pars toute seule. De toute façon, je ne ferais pas équipe avec une autre fille, mais il est vrai qu'aucune ne me l'a demandé.

M. Breitkopf, le concierge, nous ouvre le portail. Son nom, qui veut dire « tête large », ne lui va pas du tout. Il est petit, et sa tête est si étroite que ses yeux, à cause de ce manque de place, sont tout rapprochés. En revanche, il a de larges épaules. Il est non seulement le concierge de notre foyer et de l'école, mais également l'entraîneur de l'association de gymnastique. Tous les mardis soir, il y a entraînement dans la salle de sport. Quelques filles de notre foyer participent. Moi aussi, j'y suis allée une fois, parce que M. Sauer, notre professeur de gym, avait dit que cela pourrait me plaire. Mais cela ne m'a pas plu. D'abord je n'aime pas les agrès, et puis M. Breitkopf était toujours nerveux et n'arrêtait pas de commander à coups de sifflet. M. Breitkopf et sa femme habitent un appartement au sous-sol. Mme Breitkopf surveille la corvée de vaisselle. C'est la pire de tout ici. C'est pourquoi aucune de nous ne peut la sentir.

Le soleil brille. Deux maisons plus loin, un chien aboie. Je n'ai encore jamais réussi à le voir. Parfois il aboie jusque tard le soir, quand nous sommes déjà couchées. Cette fois encore il est invisible. Je l'imagine grand et noir, un peu effrayant, à cause de sa grosse voix grave.

J'aimerais bien avoir un chien. Pas un petit roquet comme celui de la propriétaire de tante Lou qui aboie dès que quelqu'un entre dans l'appartement, mais un grand chien noir, sauvage et effrayant, aux yeux féroces, dont le poil se hérisserait si quelqu'un voulait me frapper. Il suffirait que je dise : « Attaque ! » pour qu'il morde. Cela doit bien exister, un chien comme ça, en tout cas c'est plus probable que le bâton magique que je commanderais à distance. Il y en a plein sur lesquels j'enverrais ce bâton. Sur Duro, bien sûr, mais surtout sur Élisabeth. Peut-être que je laisserais le bâton la frapper jusqu'à ce qu'elle soit morte. Mais on n'a pas le droit de penser ce genre de choses, autrement votre âme devient toute noire. Tante Lou dit qu'il faut surveiller son âme et son cœur, parce qu'ils sont plus importants que le reste. Elle peut parler, elle.

Je croise un vieil homme et lui tends ma boîte.

– C'est pour quoi ? demande-t-il.

– La Maison de repos pour les mères, dis-je, et je lui explique l'histoire des pauvres mères qui ont absolument besoin de repos et que Mme Keuss-Knapp, la femme de notre président, aide. Mais seulement s'il y a suffisamment de gens généreux qui donnent quelque chose. Alors les mères pourront aller dans des institutions spécialisées, libérées pour quelque temps de leurs enfants. Je parle lentement et clairement, sans bégayer, bien que je raconte tout cela pour la première fois.

– Moi aussi j'ai toujours travaillé, dit l'homme sur un ton grognon. Et je ne me suis reposé qu'une seule fois, à l'hôpital, pour me faire opérer d'une hernie. Fiche-moi la paix avec ton machin.

Je lui fiche la paix. Mais après avoir fait dix pas je me retourne et lui crie :

– Pensez à votre propre mère ! Qui a toujours dû faire la cuisine et laver le linge pour vous ! En plus je suis sûre que vous étiez un sale gosse !

Il brandit le poing en signe de menace. Je serre bien l'anse de ma boîte et détale jusqu'à la gare. J'y arrive à bout de souffle. Sur la place de la gare il y a moins de monde que je ne croyais. Mais pour le moment cela m'est égal. J'entre dans la salle des pas perdus pour regarder le panneau de départ des trains. Je connais pourtant par cœur l'horaire des trains du samedi pour aller chez tante Lou. 14 h 27 et 19 h 48. Il y en a un autre encore à 17 h 15, mais il ne circule pas le samedi.

En sortant de la gare, je vois que le ciel s'est couvert. De l'autre côté de la place, Claudia et la nouvelle disparaissent juste au coin de la rue. À côté d'elles il y a Susanne, sans boîte. Comment a-t-elle réussi à sortir du foyer sans s'être portée volontaire pour la collecte ? Et pourquoi est-elle avec les deux autres filles ? Sans doute a-t-elle profité de cette opportunité pour s'offrir une sortie de plus. Si elle se fait pincer, elle sera de corvée au portail. Enfin, tout cela ne me regarde pas.

Mais je n'ai pas envie de les croiser. C'est pourquoi je me dépêche de remonter la Wilhelmstrasse jusqu'au prochain croisement. C'est un endroit où il y a quelques magasins. Sur le côté droit de la rue, il y a une boulangerie et une boucherie-charcuterie et, en face, dans une maison à moitié détruite par les bombes, un magasin de vêtements. De la boucherie-charcuterie sort une bonne odeur de saucisson. Je me poste à côté de l'entrée et mets ma boîte sous le nez des gens qui sortent.

– Pour la Maison de repos des mères, pour toutes les mères qui ont absolument besoin de repos et qui ne peuvent pas se payer des vacances. Pensez à votre propre mère.

Une femme dit :

– C'est mon cas, moi non plus je ne peux pas m'offrir des vacances.

Elle sort néanmoins son porte-monnaie et met un sou dans ma boîte. La pièce fait beaucoup de bruit en tombant. Ma première pièce ! Je dis « merci » aussi aimablement que je le peux. Car la Maison de repos pour les mères lui est sans doute indifférente, elle n'a plus l'âge d'avoir des enfants petits.

L'odeur du saucisson me donne mal au cœur. Mal au cœur parce que j'ai faim. Pourquoi c'est toujours Duro qui a les dernières pommes de terre ? Elle est bien plus grosse que moi, en plus. Je m'appuie contre le mur de la maison en essayant d'imaginer que je sens, non pas l'odeur de saucisson, mais celle du potage à la semoule. Je déteste le potage à la semoule. Il me suffit de sentir le potage à la semoule pour ne plus avoir faim. Mais, étrangement, je n'arrive absolument pas à m'en rappeler l'odeur. Par chance Inge aime beaucoup ce potage et je peux toujours échanger mon assiette contre une demi-portion de margarine au petit déjeuner suivant.

En somme, je ferais mieux de partir d'ici et de me trouver un autre endroit, mais je n'y arrive pas. L'odeur de saucisson me retient. Dans les livres on lit parfois que quelqu'un est captivé par quelque chose. Moi, je suis captivée par l'odeur de saucisson. J'entends la voix de la vendeuse dire dans la boucherie-charcuterie : « Vous désirez ? » Sa voix est désagréable, assez aiguë et perçante. En tout cas, on n'entend qu'elle. Impossible de comprendre ce que disent les clients. Leurs réponses me parviennent comme dans un murmure. « Vous désirez ? »

Je dirais : « Une côtelette, s'il vous plaît, une belle, bien grosse et épaisse. » Je n'ai mangé qu'une seule fois dans ma vie des côtelettes. Et je n'ai même pas pu les savourer vraiment, car c'était en allant à Hildegardis après le sanatorium, avec la femme de l'Assistance. J'avais une telle peur d'aller à Hildegardis que je n'ai pas pu avaler grand-chose. Mais j'ai retenu le nom. Est-ce que les enfants qui ne sont pas dans un foyer mangent souvent des côtelettes ? Aucune idée, je ne sais pas comment ils vivent. « Cette enfant ignore ce qu'est une vie de famille normale », a dit la femme de l'Assistance au juge.

Des pièces de monnaie tombent dans ma boîte. Le bruit se fait de plus en plus sourd, le fond de la boîte doit être rempli. Il y a beaucoup de gens qui me donnent de l'argent. Entre-temps j'ai trouvé comment m'y prendre. Je creuse un peu les joues, j'écarquille les yeux et rentre le cou dans les épaules. Il faut avoir l'air misérable et faire pitié si l'on veut provoquer la compassion. Les gens donnent alors plus facilement. Ce sont surtout les mères qui ont des enfants bien habillés qui glissent vite une ou deux pièces dans ma boîte avant de prendre leurs enfants par la main pour les entraîner plus loin, comme si j'étais contagieuse. Jadis, il m'est arrivé de mendier quand j'avais faim, mais souvent les gens m'ont chassée. Maintenant personne ne peut me chasser, car j'ai ma boîte. Je participe à une œuvre de bienfaisance. Regardez-moi, vous tous ! Et prenez exemple sur moi !

La place à côté de la boucherie-charcuterie est bonne parce que les clients sont nombreux.

Régulièrement j'entends la femme derrière son comptoir demander : « Vous désirez ? Désirez-vous autre chose ? »

Dans notre foyer, il n'y a de la viande que le dimanche, souvent c'est du bouillon, très rarement un rôti. Deux ou trois fois par semaine on a droit à un seul plat, de choux, de lentilles ou de haricots avec quelques morceaux de lard, quand c'est un jour faste ; le mercredi soir, on nous sert trois rondelles de saucisse par personne, le plus souvent du cervelas ; une fois par semaine, il y a au déjeuner des œufs à la crème, généralement le jeudi ou le vendredi, autrement ce sont des plats de pommes de terre, de riz, de semoule ou de pâtes. De nombreuses filles de chez nous prétendent que Mme Schmuck, la cuisinière, garde la viande pour elle. C'est possible, il est vrai qu'elle est très grosse et la plupart d'entre nous sont plutôt maigres. Pourtant je ne les crois pas, car Mme Schmuck est très gentille et quand nous sommes de corvée de cuisine parce que nous avons fait une bêtise, elle nous donne toujours quelque chose à manger.

– Pour la Maison de repos des mères, dis-je très fort en brandissant ma boîte.

De nouveau une femme met une pièce dans la fente avant d'entrer dans la boucherie-charcuterie. Mais malgré cela je vais chercher une autre place demain, car l'odeur me rend folle.

Quand l'ombre projetée par la maison d'en face atteint le bord du trottoir à mes pieds, je demande l'heure à un passant :

– Quatre heures et demie passées, répond-il.

J'entre dans la boucherie-charcuterie. Le sol est carrelé, couvert de carreaux rouges et jaunes. La femme à la voix forte est grosse, elle a des cheveux gris et une petite verrue sur l'aile gauche du nez. Le tablier blanc qu'elle porte par-dessus sa robe à rayures bleues a des taches rouges à l'endroit des cuisses, là où elle s'essuie les mains. Des taches de sang de la viande coupée.

– Vous désirez? demande-t-elle.

Exactement de la même manière que les autres fois. Mais cette fois-ci c'est à moi qu'elle s'adresse.

Je lui tends ma boîte et récite ma petite leçon. Mais impossible de détourner les yeux de la charcuterie étalée devant moi. Mortadelle, salamis, pâté de foie, boudins, cervelas, andouille et autres saucisses dont je ne connais même pas les noms. Des saucissons, des pâtés. Et même du jambon.

La femme se penche vers moi et glisse une pièce dans ma boîte.

– Est-ce que tu aimerais un morceau de saucisson ? me demande-t-elle.

Je n'arrive qu'à hocher la tête. Impossible de sortir le moindre son.

– Lequel tu préfères ? me demande-t-elle encore.

Elle me donne un gros morceau de saucisson à l'ail. Au moins dix centimètres. Je suis effrayée. Qu'est-ce que cela veut dire ? Est-ce qu'elle se moque de moi ? Je sens les larmes me monter aux yeux.

– Tiens, dit-elle. D'où viens-tu ? Du foyer ?

Sa voix se fait de plus en plus douce.

J'acquiesce et je prends le bout de saucisson. J'ai soudain tellement de salive dans la bouche que je ne peux même plus dire « merci ». La femme me regarde d'un air très aimable.

– Reviens donc me voir demain, dit-elle avec cette autre voix, sa seconde voix.

Enfin je réussis à dire « merci » et « au revoir ».

Sur le chemin du retour je suce très lentement le bout de saucisson à l'ail pour détacher la chair de la peau. Si lentement que je dois même faire un détour par la gare de marchandises à côté de notre terrain de sport. « Cinq minutes dans le jardin d'Éden valent mieux que toute une vie en enfer », dit tante Lou quand elle mange quelque chose qu'elle aime tout particulièrement. Finalement, parvenue devant le portail, je mets la peau dans ma bouche, la mastique consciencieusement et l'avale avant d'appuyer sur la sonnette.

Je pose la boîte sur ma table de nuit, à côté de mon livre préféré, *Huckleberry Finn*. J'emprunte souvent ce livre, parfois je ne le lis même pas, mais j'aime l'avoir près de moi. Peut-être qu'un jour je raconterai à la bibliothécaire que je l'ai perdu. Sait-on jamais, il y aura peut-être un miracle et elle dira : « Ce n'est pas si grave, mon enfant, nous allons en acheter un nouvel exemplaire. » Et si elle me demande de rembourser le livre, je pourrai toujours faire celle qui le retrouve brusquement.

Je m'assieds à la table et commence mes devoirs.

Élisabeth passe derrière moi, va à ma table de nuit et sans rien me demander soupèse ma boîte. Elle fait la grimace de quelqu'un qui est jaloux tout en continuant à la soupeser.

– La tienne est plus lourde, dit-elle. Pas étonnant.

Cette fois-ci elle ne dit rien sur les gitans.

Mais cela ne me ferait ni chaud ni froid. Il faut dire que j'ai un gros morceau de saucisson à l'ail dans le ventre. Bien sûr je n'en parle pas. Je ne suis pas idiote à ce point ! Pour qu'Élisabeth aille demain elle aussi chez la femme de la boucherie-charcuterie ?

Et si j'essayais de me placer à côté d'une boulangerie ? Sait-on jamais, je pourrais avoir un petit pain pour accompagner mon bout de saucisson. Tout est possible.

CHAPITRE III

Celui qui est pauvre n'a pas à craindre les voleurs

La cloche qui nous rappelle qu'il est l'heure de se coucher a sonné depuis longtemps. Je retire mon dessus-de-lit. Il m'appartient vraiment. Autrement je n'ai presque rien. Il me reste encore un vieux cartable – tellement élimé qu'on voit apparaître le carton bouilli – et le canif que m'a offert Arnulf. « Ne te laisse pas abattre par ça, dirait tante Lou. Celui qui est pauvre n'a pas à craindre les voleurs. »

Mais je crois que ce n'est pas vrai. C'est justement celui qui est pauvre qui doit craindre qu'on lui vole le peu qu'il possède. Un riche peut être indifférent au fait qu'on lui pique quelque chose qu'il a de toute façon en trop. Il suffit qu'un riche claque du doigt pour avoir tout ce qu'il veut. Moi, je serais triste à mourir si quelqu'un me prenait mon dessus-de-lit. Peut-être qu'un riche n'a lui aussi qu'un seul dessus-de-lit, mais il peut à tout moment s'en acheter un autre. Pas moi. Je n'ai pas d'argent.

Pour tante Lou non plus il n'avait pas été facile de payer mon dessus-de-lit quand on m'a envoyée à Hildegardis. Dès la première visite que j'ai pu lui faire, elle m'a dit : « Je t'achète un beau dessus-de-lit pour que ton lit soit joli et pour que tu ne m'oublies pas. » Elle n'était évidemment pas sérieuse en évoquant la deuxième raison. Je ne pourrais ni ne voudrais jamais oublier tante Lou, elle le sait très bien.

Nous sommes allées au magasin de Herrling et la vendeuse nous a expliqué que ces couvertures étaient des dessus-de-lit. La mienne est d'un beau rouge brun avec de minuscules fleurs. « Un motif qui n'est pas salissant », a dit tante Lou. J'aurais préféré celle qui était jaune bouton d'or, mais il n'y avait rien eu à faire. Après tout c'était tante Lou qui payait. À cette époque j'étais encore assez naïve, mais je savais déjà que le plus fort a toujours raison.

C'est pourquoi mon dessus-de-lit est rouge brun avec de petites fleurs ocre et des feuilles vertes si minuscules qu'on voit à peine la couleur verte. Le motif est vraiment peu salissant. Mais il faut dire que je fais très attention et ne m'allonge jamais avec mes chaussures. Vraiment jamais. J'enlèverais même ma jupe pour que le dessus-de-lit reste propre, mais généralement il ne fait pas assez chaud chez nous pour cela.

Je plie soigneusement le dessus-de-lit et le pose sur le dossier de ma chaise. Dorothea, qui dort dans le lit à côté du mien, est en train de fouiller dans sa boîte aux trésors. C'est une petite boîte en bois dans laquelle elle met des choses secrètes. Personne ne sait exactement ce qu'il y a dedans, sauf peut-être son amie Élisabeth. De temps à autre Dorothea nous montre quelque chose, par exemple une boule d'ambre, un timbre ou une bague, mais très vite elle remet l'objet en place. Et impossible de regarder en son absence. La boîte est pourvue d'une serrure et Dorothea porte la clef accrochée à une cordelette autour de son cou.

– Tu crois que tu vas avoir le prix? demande-t-elle. J'aimerais bien savoir ce que c'est.

Je hausse les épaules. J'espère que je remporterai ce prix. Il faut dire que je ne ménage pas ma peine. Mais je ne l'avouerai jamais devant les autres. Je n'ai pas de mal à imaginer de quelle façon elles se moqueraient de moi si finalement je ne l'avais pas. Non, je ne dis rien. Mais je veux ce prix, même si je ne sais pas ce que c'est. Peut-être du chocolat ? Un livre ? Ou des gouaches ? Peut-être une pelote miracle. Jutta en a reçu une de sa grand-mère. C'est une pelote de laine avec des aiguilles à tricoter. Quand on a fini de tricoter toute la laine, on découvre un cadeau à l'intérieur. Mais Jutta n'a rien tricoté, elle a simplement défait la pelote. Il y avait une pièce de cinq marks. Elle était très contente. Le dimanche suivant, elle est allée au cinéma voir *La Double Lolotte*. Elle nous a raconté tout le film. Les filles qui avaient les deux rôles principaux étaient jumelles. « Et l'une d'elles s'appelle comme moi », a dit Jutta, très fière.

Dorothea referme sa boîte aux trésors et donne un tour de clef. Puis elle soulève mon tronc pour la collecte et le secoue. Les pièces cliquettent.

– Silence ! crie Élisabeth.

Elle est allongée sur son lit près de la fenêtre, un livre dans une main, son idiote de poupée dans l'autre. Personne n'a jamais le droit de la toucher, elle y veille jalousement. Je crois que je n'ai jamais encore eu de poupée, du moins je ne me souviens pas d'en avoir possédé une. À côté d'elle, au milieu de sa table de nuit, est posée sa boîte rouge pour la quête.

Soudain une idée me traverse l'esprit. Ce n'est pas que je me méfie des filles, mais on ne sait jamais. Je sors mon canif de mon cartable, reprends ma boîte à Dorothea et grave très proprement un « H » sur la peinture rouge. Petit et tout en bas, mais lisible.

– Pour qu'on ne les confonde pas, dis-je très fort, si fort qu'Élisabeth ne peut pas ne pas l'entendre. Après tout, toutes les boîtes sont pareilles.

– Parfois tu es très rusée, dit Susanne depuis son lit près de la porte.

Je redonne ensuite ma boîte à Dorothea.

Après tout, peut-être que tante Lou a raison quand elle parle des riches qui craignent d'être volés. Mais la boîte ne m'appartient pas à moi, elle appartient à la Maison de repos pour les mères. Ou à la présidente locale qui a proposé ce prix. Je crois que ce sera du chocolat.

Dorothea repose ma boîte sur ma table de nuit et range sa boîte aux trésors dans l'armoire.

Jutta dort déjà, comme d'habitude. Elle est toujours la première à se coucher et elle s'endort si vite que nous ne faisons plus attention à elle. D'ailleurs il n'y a aucune raison de faire attention à Jutta. Elle est tout sauf forte. Elle est même plus petite que moi, juste un peu moins maigre.

Je me déshabille et mets ma chemise de nuit.

La porte s'ouvre.

– Vous n'êtes pas encore couchées, dit Mlle Urban, alors que la cloche a sonné il y a plus de dix minutes ! Dépêchez-vous si vous ne voulez pas avoir de mauvais points.

Je saute dans mon lit et remonte la couverture jusqu'au menton.

– Est-ce que tu t'es lavée, ou est-ce que tu te couches de nouveau toute sale ? demande Mlle Urban. C'est que je connais mes filles.

– J'étais dans la salle d'eau tout à l'heure, je réponds en murmurant. (Et je ne rougis même pas.)

– Alors c'est bon. Élisabeth, laisse ton livre maintenant. Dormez bien, les enfants.

La lumière est éteinte. D'abord il fait complètement noir dans la pièce, puis les yeux s'habituent et le noir devient un gris de pénombre. Nous n'avons pas de volets, seulement des rideaux beiges, et quand la lune brille, il fait même si clair dans la pièce que je peux voir les autres dans leurs lits.

– Toujours au moment où il y a le plus de suspense, grommelle Élisabeth dans l'obscurité. Je ne comprends vraiment pas pourquoi on ne nous donne pas des lampes de chevet.

Personne ne dit rien. Que pourrait-on bien répondre à une remarque aussi idiote ? Pourquoi est-ce qu'on nous achèterait des lampes de chevet ? En plus, l'électricité coûte cher. Comme tous les soirs quand je suis dans mon lit, je fixe le plafond. Car je ne peux dormir que quand toutes les autres dorment, je ne sais pas pourquoi. Il en a toujours été ainsi et cela dure toujours.

Je pense au film que Jutta a vu. Deux filles se rencontrent dans un centre de vacances. Qui peut bien vouloir aller de son plein gré dans un centre quand on est en vacances ? Jutta a dit que ce n'était pas du tout comme chez nous et que les filles étaient drôlement bien habillées. C'est possible, ce n'est jamais qu'un film. Les deux filles se ressemblent comme deux gouttes d'eau. Finalement on apprend que ce sont vraiment des jumelles. L'une vit chez son père, l'autre chez sa mère. Naturellement tout finit bien, et à la fin tous les quatre sont de nouveau réunis. Je m'imagine que j'ai une sœur jumelle qui me ressemble comme une goutte d'eau. Elle ne vit pas chez n'importe quel père, mais chez des gens très riches, très gentils. Soudain j'éprouve une telle haine contre ces gens que je me mets presque à pleurer. Je vois très bien cette jumelle, dans une robe jaune bouton d'or, elle porte un ruban blanc dans les cheveux. Elle rit. Elle se moque de moi. Je la déteste, cette sœur, parce que tout va trop bien pour elle.

Jutta tousse dans son sommeil. Alors soudain je me mets à rire. Je n'ai pas du tout de sœur !

Susanne est en train de s'endormir, depuis plusieurs minutes elle se tourne et se retourne dans son lit. Ce manège peut durer plus ou moins longtemps. Élisabeth se met à ronfler légèrement. Cela m'énerve. Pourtant elle n'y est pour rien, elle a des végétations trop grosses. Aucun bruit ne parvient du lit de Rosemarie, pas même un léger souffle.

Renate commence à pleurer. C'est ce qu'il y a de pire, le soir : je dois alors très vite penser à quelque chose de beau, autrement je me mets à pleurer moi aussi. Renate pleure doucement, ce n'est presque pas audible, mais plus cela dure plus ses sanglots me semblent forts. Et plus il m'est difficile de penser à autre chose. J'aimerais penser au saucisson, mais j'aurais encore plus de mal à m'endormir car cela me donnerait faim. Penser à manger avant de s'endormir, c'est ce qu'il ne faut surtout pas faire, je sais de quoi je parle.

Je pense donc aux orchidées. Je ne sais pas à quoi ressemblent les orchidées, j'en ai vu seulement dans des livres. Mais elles doivent être merveilleuses, le mot est si beau. Orchidées. Orchidées. Elles ont sûrement de grands pétales aux teintes douces comme le violet ou le carmin. J'ai demandé à Mlle Urban à quoi ressemblait la couleur carmin. Elle m'a montré cette couleur dans un livre avec beaucoup de peintures. Le carmin est un rouge sombre, très chaud. Le carmin du livre était brillant, mais cela tenait sans doute au papier. Je suis sûre que les orchidées ne sont pas brillantes. Elles sont douces et si fragiles que dès qu'on les touche elles ont des marques sombres. Elles ressemblent un peu aux colchiques, mais en beaucoup plus grand, plus féerique. Du moins c'est ainsi que je les imagine. Elles poussent sous les tropiques. Je ne sais pas exactement où se trouvent les tropiques, en tout cas c'est très loin.

Elfriede était en Italie l'été dernier. Là-bas il y a des palmiers, a-t-elle raconté. Je n'ai encore jamais vu un palmier. Tante Lou a dit que le jour où elle aura de l'argent nous irons en Italie, toutes les deux. Ensuite elle m'a décrit avec précision à quoi ressemblait ce pays. La mer y est bleu-vert jusqu'à l'horizon, la plage de sable fin, presque blanc, de grands palmiers s'élancent dans un ciel bleu éclatant. Et sans parler des nuits ! Des milliers d'étoiles dans un ciel comme du velours noir. Elle a tout dépeint comme si elle avait grandi en Italie. Alors qu'elle n'y est encore jamais allée. Mais un jour...

Renate a cessé de pleurer, elle dort. Il n'y a

plus aucun bruit dans la chambre, plus aucun bruissement, il n'y a plus que les respirations et le léger ronflement d'Élisabeth. Mais avec elle on ne sait jamais. Elle occupe le lit en face du mien, du coup je ne peux pas la voir. Je retiens ma respiration et j'essaie d'écouter. Elle semble dormir. Mais peut-être fait-elle seulement semblant. Mieux vaut attendre encore un moment.

Je me mets à compter. Parfois je me souviens encore le lendemain matin à quel chiffre je me suis arrêtée, mais le plus souvent j'ai oublié.

CHAPITRE IV

Qui rêve de palais perd sa place dans le cabanon

Je compte et recompte, mais cela ne sert à rien. Je n'arrive pas à dormir. Les soirs et les nuits au foyer sont ce qu'il y a de pire. Surtout quand on a du mal à s'endormir. Plus je m'y efforce, moins j'y parviens. Je décide donc d'aller rejoindre mon coin secret. Aussitôt je me sens mieux. Mais j'attends encore quelques minutes pour être sûre que tout le monde dort bel et bien.

C'est dans mon coin secret que je cache mon livre de pensées où je note toutes les phrases importantes qui me viennent à l'esprit. Je ne suis pas idiote au point de laisser mon livre dans la chambre pour qu'une fille le trouve. Élisabeth, par exemple. Je sais très bien ce qui se passerait à ce moment-là. Elle se mettrait à lire mes phrases en riant aux éclats. « Écoutez-moi ça : “ Il suffit que la souris voie le fromage pour courir dans le piège. ” Ha ha ha ! la gitane se prend pour une poétesse ! Elle se croit sans doute très intelligente ! Ha ha ha ! »

Évidemment elle n'en comprendrait pas un traître mot, sinon elle se mettrait à rire plus fort encore. J'ai noté cette phrase le jour où elle a fait exprès de laisser une pièce de cinquante pfennigs sous son bureau. Elle est vraiment méchante. Mlle Urban a trouvé la pièce dans mon cartable. Cela n'a servi à rien que je dise que je l'avais trouvée par terre dans la rue, car Élisabeth avait fait une encoche sur le côté de la pièce en présence de Dorothea. Comment ai-je pu ne pas m'en rendre compte ? J'aurais dû remarquer cette encoche, moi qui fais toujours attention à tout d'habitude. Pendant deux semaines j'ai été de corvée de cuisine. Élisabeth a dit : « Vous voyez bien, les gitans, c'est tous des voleurs. »

Depuis ce jour, je suis devenue beaucoup plus prudente. C'est pourquoi mon livre de pensées restera où il est, quand bien même j'aimerais quelquefois l'avoir avec moi pour y noter immédiatement quelque chose ou simplement le feuilleter.

Je pourrais retrouver le chemin de mon coin

secret en dormant, j'y suis déjà allée tant de fois. Parfois j'emporte avec moi livre, crayon et papier pour écrire à tante Lou. Souvent, je lui écris une lettre le soir, mais je l'envoie rarement. Je ne veux pas qu'elle se fasse encore plus de soucis à cause de moi. Ce serait inutile, elle ne peut rien changer à la situation. À moins de se marier. Or, il vaut mieux ne pas y penser, j'ai déjà été déçue une fois. L'hiver dernier tante Lou avait fait la connaissance d'un homme, un ingénieur, et elle a dit que celui-là était peut-être le bon. Mais après trois sorties au bal c'était fini. Je ne lui ai pas posé de questions.

Je sais qu'elles dorment toutes maintenant, même Rosemarie. Sans faire de bruit je quitte mon lit. Prévoyante, je prends un crayon et mon cahier de maths. Je viens à peine de le commencer, je pourrai donc facilement arracher les deux feuilles au centre au cas où j'aurais envie d'écrire à tante Lou. Dans le couloir je rase les murs, car il y a plusieurs lattes de parquet qui craquent au milieu. La nuit surtout cela fait beaucoup de bruit. La grande horloge indique qu'il est presque dix heures.

Dans le vestibule, la lumière reste allumée toute la nuit pour que nous n'ayons pas de problème si nous voulons aller aux toilettes. Les quelques mètres qui séparent le vestibule éclairé du petit couloir menant à la salle de travaux manuels sont des plus risqués, parce que c'est ici que Mlle Urban pourrait brusquement surgir de son appartement.

Car elle vit dans notre foyer. Elle n'a pas de famille, seulement une amie qui vient assez souvent. Celle-ci est toujours habillée en gris et mauve et ses cheveux sont ramassés en un sévère chignon en haut de la nuque. Le foyer l'appelle « la mauve-grise Mondieumondieu », et toutes les filles se moquent d'elle à cause de sa drôle de façon de parler. Comme si elle chantait ou récitait une poésie. Pendant les repas, Duro imite souvent son « Mondieumondieu », surtout lorsque Inge porte son pull-over mauve. « Mondieumondieu, Inge, ce que tu es élégante aujourd'hui ! »

Entre-temps je suis arrivée dans le petit couloir et j'ouvre la porte de la salle de travaux manuels sans faire de bruit. C'est fait. Ou du moins, presque.

Les rideaux de la salle de travaux manuels ne sont jamais tirés, et un peu de lumière entre par les fenêtres qui donnent sur la cour. Je n'ai donc pas à craindre de heurter une chaise ou une table. En principe, maintenant je ne risque plus rien. Je traverse la salle et me retrouve devant la porte du grenier. Elle est fermée, comme toujours, mais je sais où se trouve la clef. Tout en haut, sur l'étagère des cartons avec les ciseaux, les aiguilles à tricoter et le nécessaire à couture, il y a une petite boîte en carton. C'est là-dedans qu'est la clef. Il suffit de monter sur une chaise pour l'atteindre.

Comme la serrure et les gonds grinçaient beaucoup, j'ai mis un peu d'huile qui se trouvait dans une burette. J'ai emprunté cette burette un soir dans l'atelier de M. Breitkopf et je l'ai rapportée le lendemain midi. Il n'a pas dû s'en apercevoir, en tout cas, je n'ai pas eu d'ennuis. Depuis que j'ai bien huilé la porte, elle ne grince plus, se ferme et s'ouvre plus facilement.

Aussitôt entrée, je la referme à clef derrière moi. Car je n'ai aucune envie de me faire surprendre. Ce ne serait plus un endroit secret.

Ici, dans le grenier où sont rangées nos valises, il fait noir, car l'immense toit n'a que deux petits vasistas. Ils suffisent peut-être pour aérer, mais sont cependant inutiles, car l'air passe très bien entre les tuiles. Le jour, la lumière pénètre un peu, mais Mlle Urban utilise toujours une lampe de poche quand elle va chercher une de nos valises. J'ai trouvé une solution au problème de l'obscurité. Je longe à tâtons le mur jusqu'à la poutre derrière laquelle se trouve mon trésor, caché sous une pile de vieux journaux. Des bougies, exactement vingt-sept, des grandes et des petites, des minces et des grosses, parfois ce ne sont plus que des petits bouts, et deux boîtes d'allumettes.

J'ai fauché les bougies l'hiver dernier sur différents arbres de Noël et couronnes de l'Avent, ceux des salles de classe, ceux de Mlle Urban et ceux de notre foyer. Quant aux allumettes, je les ai prises chez Mme Breitkopf qui en a toujours dans la poche de son tablier pour pouvoir allumer le chauffe-eau à gaz. Quand elle a fini son travail elle ôte son tablier, le pose sur une chaise et se passe un coup de peigne devant la glace au-dessus de l'évier. Il suffit de savoir ce que l'on veut pour se donner les moyens de l'obtenir. En tout cas, parfois. J'ai même une petite lampe de poche, que j'ai trouvée un jour sur le rebord d'une fenêtre dans le couloir de l'école ; je l'ai mise dans ma poche, comme ça. Mais malheureusement les piles sont usées depuis longtemps et je n'ai pas d'argent pour en acheter des neuves ; alors elle ne me sert à rien.

J'allume une bougie, une des grosses. À présent je n'ai plus besoin d'éviter de faire du bruit, car il y a peu de risques qu'on m'entende ici. Sauf peut-être les souris, mais elles ne me font pas de mal, elles se contentent seulement de courir.

Tout au fond, sous la pente du toit, je me

suis aménagé un petit espace. J'ai empilé plusieurs valises, un peu en désordre, pour que l'endroit n'ait pas l'air de cacher quelque chose. Derrière le mur de valises il y a une vieille couverture de laine grise aux bordures marron. Tante Lou a la même, mais pas trouée. Quand je suis chez tante Lou je dors sous cette couverture. La mienne, je l'ai trouvée dans la buanderie. On l'aura sans doute abandonnée parce qu'elle est vieille et qu'elle a des petits trous de cigarettes. Moi, cela m'est égal. Quand il fait chaud je m'assois sur la couverture, et quand il fait froid je m'emmitoufle dedans. C'est une belle place, surtout avec une bougie allumée. J'ai l'impression alors d'être dans une petite caverne. Je ne vois plus qu'une poutre et le mur de valises.

Ce grenier est vraiment un formidable refuge. Depuis que l'idée m'est venue de m'y installer, j'aime un peu plus le foyer, du moins le soir, après l'extinction des lumières. Dommage que je ne puisse pas y aller la journée !

Je pose la bougie sur la couverture et sors mon livre de pensées de sa cachette faite de quelques vieilles briques. En fait, c'est un album de poésie. Tante Lou me l'a offert l'année dernière pour mon anniversaire en me disant : « Demande à tes amies de t'écrire quelque chose, Halinka. Plus tard, quand tu seras une adulte, tu seras contente de le feuilleter et de te souvenir d'elles. »

Étrange. Comment peut-elle penser que je puisse avoir des amies? Je n'en ai encore jamais eu une seule. Et je n'en veux pas. Quand on observe Élisabeth et Dorothea, qui sont soi-disant des amies, cela vous enlève toute envie d'en avoir. Élisabeth demande sans cesse à Dorothea de faire les choses pour elle : ranger la chambre, l'armoire, être de corvée au portail. Tout, sauf la vaisselle. Car Dorothea est bossue. On appelle ça une gibbosité, c'est pourquoi elle est dispensée de vaisselle, car on reste longtemps penché, parfois plus d'une heure, et même moi j'ai mal au dos après. Un jour Élisabeth a essayé de me faire faire la vaisselle à sa place en me proposant des bonbons qu'elle reçoit de chez elle tous les quinze jours dans de petits paquets. Depuis ce moment, je sais pourquoi Dorothea fait tout pour Élisabeth. Moi non, j'ai craché par terre devant elle. Pleine de mépris. J'avais lu cela quelque part.

Non, je ne veux pas avoir d'amies, et encore moins me souvenir d'elles plus tard. Je veux les oublier. Il n'y a que Renate que je trouve plutôt sympathique, bien qu'elle ne dise jamais rien d'autre que des phrases banales comme :

« Quelle heure est-il ? » ou : « Qu'est-ce qu'il y a pour déjeuner aujourd'hui ? » ou : « L'ampoule de la buanderie a grillé. » Depuis que Renate est ici, il m'arrive bien plus souvent de penser aux orchidées. Je ne sais pas pourquoi. Elle a des cheveux châtain clair, des yeux marron clair et la peau mate. Mais je ne vois pas le rapport, car les orchidées sont mauves, pourpres ou carmin.

Je prends ma boîte de senteurs secrète, un pot de colle. La colle est encore assez fraîche, je l'ai dégotée il y a deux semaines à peine, j'ai alors jeté l'ancien qui ne sentait presque plus. Je dévisse lentement le couvercle et approche le pot de mon nez. J'adore ça, renifler la colle. Quelle odeur ! Un peu comme de la frangipane, et puis quelque chose d'étranger, de mystérieux. Quand je sens de la colle, j'oublie le foyer et tout le reste. Je ne savais pas, avant, que ça existait, une odeur aussi fantastique, jusqu'au jour où nous l'avons utilisée avec Mlle Urban pour fabriquer des choses pour Noël. Parfois j'étale un petit peu de colle sur le dos de ma main avec le pinceau qui est dans le pot, avant d'aller me recoucher. Comme ça, je peux la sentir encore un peu.

Non, je ne veux pas que Renate devienne mon amie. Pourquoi me compliquer la vie inutilement ? À quoi bon une amie qui n'est pas forte ? C'est clair, elle ne peut que vous nuire.

En revanche, je la prendrais sans hésiter comme petite sœur. Peut-être que je pourrais lui expliquer comment faire pour ne plus pleurer. J'ai bien plus d'expérience qu'elle, c'est normal, j'ai six mois de plus. Renate fait partie des plus jeunes de notre classe.

Tous les soirs dans son lit elle pleure ! Faut le faire ! Même si parfois j'ai l'impression qu'elle ne pleure que lorsqu'elle nous croit toutes endormies. Cela se pourrait, car personne n'a jamais remarqué que je ne dors pas. Je sais rester parfaitement calme et respirer très régulièrement, je me suis longtemps exercée. Rosemarie d'ailleurs le fait aussi bien que moi.

Rosemarie pourrait être une amie utile. Elle est assez grande et forte. Et elle ne se laisse pas faire. Même Élisabeth n'ose pas s'y frotter. En plus, elle est jolie. Mais je crois qu'elle est bête. À l'école, en tout cas, elle n'est pas bonne. Ça lui est égal, elle sait qu'elle va hériter le café de sa mère. Inutile d'avoir de bonnes notes pour ça, dit-elle. Le café de sa mère est ouvert toute la nuit, c'est pourquoi Rosemarie est au foyer. Rosemarie dit que c'est un café, mais Élisabeth dit que c'est un bordel. Un bordel est une maison où se rendent les hommes pour aimer une femme. Élisabeth appelle ça baiser. Je ne sais pas ce que ça signifie. Ou vaguement. Tante Lou m'a expliqué que baiser est un mot vulgaire qu'il ne fallait pas employer. Je dois dire qu'un homme et une femme s'aiment. Parfois tante Lou est comme une enfant, il y a des choses qu'elle n'arrive tout simplement pas à comprendre. Moi, on ne m'abuse pas si facilement, et plus tard, quand je serai adulte, je vais veiller sur tante Lou pour que personne ne lui fasse du mal.

Rosemarie a des boucles auburn et une peau très blanche, même l'été elle ne bronze pas. Je trouve que c'est la plus belle fille de tout le foyer. Elle sait qu'elle est très jolie. Chez elle, au café, tous les hommes lui courent après, dit-elle. Elle a déjà de la poitrine. Moi, pas encore, même si mes tétons ont grossi ces derniers temps. Mais ils sont rose clair et à peine plus grands que l'ongle de mon petit doigt, alors que les siens sont très grands et brun foncé.

Rosemarie est un problème pour moi. Un problème bien plus important qu'Élisabeth. Élisabeth est tout simplement méchante, et on n'attend pas d'un loup qu'il se mette à ronronner. Rosemarie n'est pas méchante, enfin pas vraiment. Elle est insensible.

Parfois, le soir, une fois que toutes les autres sont endormies, elle vient soudain près de mon lit. Je la sens avant même de la voir. Sans un mot, elle s'assoit sur mon lit, repousse la couverture et s'allonge à côté de moi. Je sais très bien ce qu'elle veut, sans qu'elle me l'ait jamais dit. Je ne sais plus quand elle est venue pour la première fois.

Elle est allongée sur le ventre, sa chemise de nuit remontée jusqu'au cou et je lui caresse le dos. Pas avec toute la main, seulement du bout des doigts. Tout doucement. Elle ne dit pas un mot, mais je sens à sa manière de bouger sous mes doigts que je fais les choses comme il faut. Que ça lui plaît. Sa peau est douce et chaude, merveilleuse. Elle n'est pas grosse, plutôt mince, mais elle n'est pas osseuse, même pas aux genoux. Ou aux omoplates. Quand j'approche de l'endroit sous les aisselles, elle écarte son bras. Je le sais, à chaque fois c'est comme ça. Mes doigts glissent entre omoplates et aisselles, là où elle a déjà de tout petits poils bouclés. Et puis un peu plus bas encore. Exactement là où sa poitrine commence à s'arrondir. Elle ne dit rien. Elle ne bouge pas. Rosemarie, la sotte. Peut-être qu'elle ne pense à rien du tout. Parfois je suis tellement furieuse que je pourrais la battre, mais bien sûr je ne le fais jamais. Peut-être qu'elle n'est pas si bête, peut-être que ce n'est qu'une ruse pour tenir les autres à distance.

Mais si elle veut quelque chose de moi, pourquoi elle ne me le dit pas ? Elle ne dit jamais rien. Jamais, jamais, jamais. Parfois elle m'enlace et me tient serrée contre elle. On reste longtemps comme ça. Mais le lendemain matin elle fait comme s'il ne s'était rien passé. Comme si elle ne s'était pas allongée à côté de moi. Et quand Élisabeth fait une réflexion stupide sur les gitans, Rosemarie rit aussi.

À certains moments je l'aime beaucoup, parce qu'elle est belle, du moins j'aime bien la regarder. Peut-être qu'elle pourrait être mon amie si le lendemain elle n'oubliait pas toujours tout.

Moi, elle ne me caresse jamais. Ça m'arrange plutôt. J'ai peur qu'elle ne me demande d'où viennent mes cicatrices. Mais heureusement elle ne le fait pas. Elle retourne dans son lit et moi je me retrouve toute seule. Les soirs où elle vient me rejoindre sous ma couverture, je me sens vraiment très seule après. Alors j'ai envie d'avoir une amie. Mais pas très longtemps. Le matin, en me levant, je ne regarde pas vers son lit, mais quand j'entends sa voix je me mets à trembler. Ça dure au moins la moitié de la journée. Jamais elle ne m'a dit quelque chose de particulier. D'ailleurs, elle parle peu. Mais comment a-t-elle senti que j'étais de celles avec qui on pouvait faire ça ? « Les gitanes, dit Élisabeth, c'est toutes des putes. Chacun peut les acheter, suffit de mettre le prix. »

Jamais encore Rosemarie ne m'a regardée pendant la journée. Parfois, quand elle n'est pas venue me rejoindre pendant toute une semaine, ou deux, je me demande chez laquelle elle est allée. Bien que je sois toujours la dernière à m'endormir, je regarde alors les autres filles de la chambre et je pense : pas chez elles. J'en suis sûre. Elle ne va pas chez elles. Mais cela fait longtemps qu'elle n'est pas venue me rejoindre.

Hier je l'ai vue avec Duro. Elles étaient assises l'une à côté de l'autre sur la pelouse à côté du stade et elles se parlaient sans arrêt. Justement avec Duro, la grosse vache ! Ça m'est égal.

Je range mon pot de colle, ouvre mon livre de pensées et je note quelque chose d'important : « Il ne faudrait jamais souhaiter l'impossible. Qui rêve de palais perd sa place dans le cabanon. » Puis je ressors mon pot. Encore un peu avant de retourner au lit.

CHAPITRE V

Qui veut manger une belle oie doit commencer par bien la gaver

Le lendemain matin, à l'école, je n'arrive pas à me concentrer, je pense sans arrêt à la collecte. Et au prix. Il faut que je trouve quelque chose pour que les gens mettent plus d'argent dans ma boîte que dans celles des autres. « Qui veut manger une belle oie doit commencer par bien la gaver », dit tante Lou. Et moi je veux manger une belle oie, je veux ce prix ! Absolument ! Peut-être que c'est un livre ? Peut-être une grande boîte de gouaches, comme celle de Rosemarie ? Avec vingt-quatre couleurs différentes à l'intérieur.

Soudain, j'ai une idée géniale.

Pendant la récréation, je vais à l'atelier sans me faire remarquer, pour piquer un morceau de fusain dans le tiroir. Je vais me dessiner des cercles noirs sous les yeux pour avoir l'air plus pitoyable. Les mères avec leurs enfants bien habillés me donneront plus d'argent encore. Et toc ! C'est bien fait pour elles. Je ne sais pas pourquoi, mais c'est bien fait pour elles ! Je ne supporte pas les mères qui ont des enfants bien habillés.

On nous rend la dictée que nous avons faite la semaine dernière. J'ai huit sur vingt, dommage. Mais il fallait s'y attendre. Je ne suis pas bonne en dictée. Peut-être parce que j'ai d'abord été à l'école en Pologne et que je n'ai appris l'allemand que plus tard. Mais sans doute suis-je tout simplement trop bête pour les dictées. Dans les autres matières je ne suis pas mauvaise, surtout en rédaction et en calcul. Il faut dire que je m'applique, ne serait-ce que pour tante Lou.

Avant le déjeuner on nous distribue le courrier. Mlle Urban l'a posé devant elle sur la table et nous appelle l'une après l'autre. Cette fois-ci il y a une lettre pour moi, une lettre que j'attends depuis très longtemps. De tante Lou, bien sûr, de qui d'autre ? Dans une enveloppe un peu marron, très longue. En la prenant je fais l'indifférente, mais ma main tremble.

Les autres ouvrent tout de suite les enveloppes et commencent à lire avant même de retourner à leur place. Jamais je ne ferais ça. Cette lettre m'appartient à moi toute seule. Je ne veux même pas qu'on voie à quel point je suis contente. Pendant un instant seulement j'essaie de voir à travers l'enveloppe en la tenant contre le jour. Mais le papier est trop épais, je n'arrive pas à distinguer ce qu'il y a à l'intérieur.

– Alors, Halinka, tu ne veux pas l'ouvrir et la lire ? demande Mlle Urban.

Je ne lui réponds pas. Je fourre l'enveloppe sous le chemisier rouge que tante Lou m'a acheté aux dernières vacances de Pâques et retourne vite à ma place. Je fais comme si de rien n'était, mais en moi tout chante. Tante Lou, tante Lou, tante Lou ! Ça fait si longtemps que j'attends cette lettre.

Inge a reçu un paquet. « De ma mère », dit-elle en posant le paquet à côté de son assiette.

Duro lui demande pourquoi elle ne l'ouvre pas tout de suite, mais Inge n'est pas idiote à ce point. Sûr, Duro en veut une part. Elle secoue seulement la tête.

Qui sait ce qu'il peut bien y avoir dans ce petit paquet ? Des bonbons sans doute, dans les petits paquets, il y a des bonbons. Parfois aussi il y a du chocolat, un livre ou un vêtement. Récemment Élisabeth a eu une veste marron avec un mouchoir vert.

La lettre de tante Lou bruisse sous mon chemisier, mais si peu qu'il n'y a que moi qui puisse l'entendre. C'est très beau d'avoir une lettre de tante Lou. Ce n'est pas qu'elle écrive de longues lettres, de vraies lettres, avec une histoire ou quelque chose de ce genre. Elle ne le fait pas, parce qu'elle n'écrit pas facilement en allemand et moi j'ai presque tout oublié du polonais. Mais d'abord tante Lou est la seule à m'écrire, je n'ai personne d'autre hormis elle, et puis il y a toujours quelque chose dans ses lettres. En tout cas presque toujours. Parfois un billet de cinq marks ou bien un de dix pour acheter un billet de train. Cette fois-ci il y aura un billet de dix marks, j'en suis certaine. Alors j'irai passer le week-end chez elle. Il est grand temps d'ailleurs, je commence à avoir du mal à tenir, ici.

Toutes les quatre semaines on a le droit de quitter le foyer pour rentrer chez soi, et ça fait si longtemps que je n'ai pas été chez tante Lou. Aux vacances de la Pentecôte, c'était impossible parce que la femme qui lui loue une chambre recevait son fils, sa belle-fille et leurs enfants. L'appartement était plein, elle n'a pas voulu que je vienne.

Tante Lou m'a rendu visite le dimanche de la Pentecôte et nous avons fait une grande promenade, à travers la forêt, jusqu'au restaurant

Belle-Vue. Nous y avons pris une limonade, puis nous avons fait le chemin en sens inverse. Tante Lou est repartie dans la soirée et je suis restée toute seule ici. Cela fait presque neuf semaines que je n'ai pas quitté le foyer, le week-end prochain sera le neuvième.

Aussitôt le déjeuner terminé, je vais aux toilettes, verrouille bien la porte et ouvre l'enveloppe. Pas de billet de dix marks, pas même un de cinq. Pas d'argent du tout, seulement une lettre assez brève.

Pendant deux semaines elle n'a pas pu travailler parce qu'elle avait la grippe, c'est pourquoi elle ne peut pas encore m'envoyer d'argent. Maintenant elle va mieux. « Il faut que tu patientes encore un peu », écrit-elle. Mais elle m'aime beaucoup et me fait mille baisers, et Uncle Sam Silver me salue également.

...Une belle lettre, même si elle est courte. Je ne peux pas m'empêcher de pleurer un peu. De joie ou de déception, je ne le sais pas moi-même. J'aurais tellement voulu aller chez tante Lou.

Quelqu'un frappe à la porte des toilettes. Pendant un moment je ne m'en préoccupe pas, je déteste avoir à me dépêcher. Et je déteste encore plus quand on voit que j'ai pleuré. Je replie lentement la feuille, la remets dans son enveloppe, puis je glisse l'enveloppe dans ma chemise de corps. C'est une place sûre, la ceinture de ma jupe est suffisamment serrée pour empêcher que l'enveloppe ne tombe. J'éprouve une sensation de fraîcheur à son contact, mais elle gratte aussi un peu.

De nouveau on frappe à la porte, ou, plutôt, quelqu'un tape sur la porte comme un sourd. Quelle idiote ça peut bien être ? Elle n'a qu'à aller à l'autre bout du couloir où il y a deux cabinets l'un à côté de l'autre.

– « Je t'aime beaucoup », a écrit tante Lou. Tout au début, quand je suis arrivée au foyer, elle écrivait « émer ». Je lui ai répondu qu'aimer s'écrivait avec « ai » et elle m'a dit dans sa lettre suivante qu'elle n'oublierait pas. Qu' « aimer » était un mot très important qu'il ne fallait pas mal orthographier.

De nouveau on frappe et j'entends crier :

– Tu vas enfin sortir !

Évidemment je reconnais tout de suite la voix. C'est Elfriede. Si j'avais su ! Elle est bien trop grande et trop costaude pour que je me frotte à elle et en plus elle cogne bien trop vite. Pourquoi n'a-t-elle pas dit tout de suite que c'était elle ? Parfois j'oublie encore qu'il y a des filles bien plus âgées et plus fortes que moi. À Hildegardis c'était différent, je faisais partie des grandes.

Du coup je me dépêche vraiment. En ouvrant la porte je baisse la tête pour cacher mon visage, mais le coup d'Elfriede atteint néanmoins ma joue gauche.

– La prochaine fois tu sors tout de suite si quelqu'un d'autre a besoin d'aller aux toilettes, compris ?

Là-dessus elle disparaît dans les cabinets sans même mettre le loquet, tant elle est pressée. Comme elle était en colère, elle ne m'a pas bien regardée. Je suis sûre qu'elle n'a pas vu que j'avais pleuré.

Je vais dans la salle d'eau pour me regarder dans la glace. Mes yeux sont rouges, mais personne ne le remarquera, car ma joue est bien plus rouge encore et commence à enfler. On voit déjà les stries blanches laissées par la main. Au plus tard dans une heure ce sera fini, j'ai l'habitude. Chaque coup et chaque égratignure se voit deux fois plus chez moi que chez les autres.

– C'est une réaction allergique, a dit le docteur du sanatorium. Ta peau est facilement irritée.

Tante Lou, qui était avec moi ce jour-là, avait caressé ma main et dit :

– Son âme aussi.

Le médecin l'avait regardée comme si elle était en train de dérailler. J'étais très gênée. Je suis toujours gênée quand tante Lou dit ce genre de choses devant d'autres gens. Mais quand nous sommes toutes les deux j'aime bien l'écouter. Elle dit des choses tellement belles.

Quelquefois une réaction allergique est utile aussi. L'année dernière, le remplaçant d'un de nos enseignants qui ne me connaissait pas m'a donné une gifle, j'ai oublié pourquoi. En tout cas ma joue s'est mise à enfler et à devenir toute rouge ; on pouvait sûrement voir tous les doigts. Il m'a regardée d'un air terrifié, puis il m'a emmenée à l'infirmerie du foyer et m'a dit que je devais me coucher et me reposer. Je me suis évidemment reposée toute la matinée, j'aurais été idiote de ne pas le faire. Ceux qui étaient de service de garde m'ont apporté quelque chose pour déjeuner, je suis donc restée au lit jusqu'au soir en lisant. Avant le dîner, Mlle Urban est venue et m'a fait déguerpir pour que j'aille dans le réfectoire. Elle connaît toutes mes réactions allergiques et ne les prend pas très au sérieux. Je la comprends.

Je me passe de l'eau froide sur les yeux jusqu'à ce qu'on ne voie presque plus que j'ai pleuré, puis je remonte dans notre chambre. Il n'y a qu'Élisabeth, Susanne et Renate. Élisabeth est allongée sur son lit et change une fois de plus les habits de sa poupée. Renate me jette un regard effrayé et Susanne demande qui a fait ça. « Elfriede », lui dis-je avant de m'allonger sur mon lit. J'ai la joue qui me brûle, les yeux aussi et mon ventre me fait mal. Peut-être que je vais être malade.

Je suis souvent malade. J'ai toutes sortes de maladies dont le médecin de notre foyer, M. Zuleger, ne connaît même pas les noms. Je vomis, mon ventre me fait mal, ma tête, etc. Et je suis tellement fatiguée que je dors sans arrêt. Je dors et je pleure. Après deux ou trois jours j'ai assez dormi et pleuré. Tout redevient normal. Avant, à Hildegardis, c'était encore pis qu'ici. « Tu grandis, a dit le Dr Zuleger, un jour ce sera terminé. » J'espère qu'il a raison !

J'enfouis ma tête dans mon dessus-de-lit. La prochaine fois que je serai chez tante Lou, je lui demanderai de me donner un peu de son parfum. J'en mettrai sur ma couverture pour que ça sente *elle*. « Tu as un nez comme un renard et des yeux d'aigle, m'a dit un jour tante Lou. Tu feras ton chemin. »

Quand Élisabeth attrape sa boîte et se dirige vers la porte, je sais qu'il doit être près de deux heures et demie, car Élisabeth a une montre-bracelet à elle. J'attends que la porte se soit refermée derrière elle avant de me lever. Je retourne dans la salle d'eau avec le bout de fusain volé et me mets devant la glace. On ne voit plus trace de la gifle. Je dessine deux magnifiques cercles noirs sous mes yeux. Avec le pan de ma jupe je retire un peu de noir, car les cercles sont un peu trop visibles. Du coup je me suis fait des stries noires sur la joue droite. J'essuie, je dessine, je recommence jusqu'à être satisfaite. Quand j'approche ma tête du miroir, je peux voir les deux traits de fusain, mais quand je recule de deux ou trois pas, ça a l'air tout à fait vrai. Une pauvre jeune fille avec des cernes. Il me faudra seulement faire attention et baisser la tête si quelqu'un s'approche de moi. Mais de loin c'est très réussi.

Je retourne dans notre chambre prendre ma boîte et je pars en courant. En passant je vois qu'aujourd'hui c'est M. Sauer qui est de service de surveillance. Il ne s'occupe jamais de rien. « L'essentiel, c'est qu'il n'y ait pas trop de bruit, dit-il toujours, pour le reste, ça m'est égal. » Et il tient parole. Quand l'une d'entre nous veut faire quelque chose – sortir sans qu'on la remarque, quand nous n'en avons pas le droit, ou quelque chose de ce genre –, elle attend que M. Sauer soit de service.

Nos enseignants font la surveillance au foyer à tour de rôle. La pire est Mme Knieser. Elle n'arrête pas de surveiller le couloir dans l'espoir de surprendre quelqu'un en faute. Mais Mme Knieser n'est pas souvent de service parce qu'elle doit soigner sa mère malade qui vit chez elle. Mais peut-être qu'elle dit ça parce qu'elle n'aime pas venir travailler au foyer. Moi non plus, je n'aimerais pas faire ce service. Tout sauf ça. Jamais je ne mettrais les pieds dans un foyer de mon plein gré.

CHAPITRE VI

Quand le bonheur arrive, il faut lui présenter une chaise

M. Breitkopf m'ouvre la porte.

– Tu sors tard, dit-il, toutes les autres sont déjà parties.

En quoi ça le regarde ? Qu'il s'occupe donc de ses propres affaires. Il y en a toujours un qui rouspète et on ne peut rien faire sans que quelqu'un se sente obligé de faire une remarque. Je suis tellement agacée que je suis sur le point de lui répondre quelque chose d'insolent. Je me rappelle juste à temps les traits de fusain et je passe donc sans rien dire, la tête baissée. Je dois vraiment être plus prudente. Par chance le ciel est couvert, s'il y avait du soleil on se rendrait compte plus facilement de ma ruse.

Deux maisons plus loin je m'arrête, interloquée, devant la clôture. Le chien est dehors, pour la première fois. Je ne comprends pas. Il n'est pas du tout grand, noir et effrayant. C'est tout le contraire. Il m'arrive à peine au genou et son poil est de couleur beige. Comme on peut se tromper ! Impossible de dire à ce chien : « Attaque ! » pour qu'il se mette à mordre tout le monde. Il ne ferait pas de mal à une mouche. Peut-être que les gens qui habitent là ont deux chiens ? Celui-là et un vrai ? Le petit chien s'approche de la clôture en frétillant. Je lui tends ma main qu'il se met à lécher de sa longue langue humide. C'est un gentil bichon, rien à dire. Néanmoins je poursuis mon chemin.

Ma place devant la boucherie-charcuterie est libre. De l'intérieur du magasin me provient la voix aiguë :

– Vous désirez ?

Je m'adosse au mur à côté de l'entrée.

Mon aspect pitoyable porte ses fruits. Au-delà de toute attente. La boîte devient si lourde que je n'arrive pas à la tenir tout le temps par l'anse. Une cliente me dit : « Attends » en fouillant dans son panier à provisions. Je garde la tête baissée pour qu'elle ne puisse pas voir les traits de fusain. Une tablette de chocolat. Une tablette entière de chocolat au lait ! Je dois faire un gros effort pour avoir l'air indifférente. J'ai pourtant envie de sauter en l'air de joie et d'embrasser la femme. Une tablette de chocolat entière ! C'est déjà comme si j'avais eu le prix ! Et en plus elle met des pièces dans ma boîte.

Je regarde la femme partir. Elle est vraiment grosse et elle est habillée d'une jupe marron et d'un chemisier blanc. Le chemisier est tout tendu sur le dos et on voit son soutien-gorge lui comprimer la chair. De gros bourrelets de graisse. C'est alors qu'elle se retourne vers moi. Maintenant elle est trop loin pour voir les traits de fusain sous mes yeux. Je tiens la boîte de ma main gauche serrée contre mon ventre et lui fais un signe de la main droite qui tient la tablette de chocolat.

– Que Dieu vous garde, lui dis-je, comme le font les vieilles femmes.

Elle rit et me fait un signe à son tour.

Aussitôt après je fourre la tablette dans la poche de mon blouson vert et me mets à guetter ma prochaine victime.

C'est leur faute si les gens sont aussi bêtes. Huckleberry Finn aurait aimé mon idée de fusain, j'en suis sûre, mais il ne l'aurait certainement pas trouvée. Il est vrai qu'il n'avait pas besoin de faire la quête puisqu'il avait déniché un vrai trésor. Et sa ruse pour empêcher que son père ne puisse mettre la main sur cet argent ! Il aurait tout dépensé à boire.

Une vieille dame sort de la boulangerie, il n'y a plus d'autres clients dans le magasin. C'est l'occasion rêvée pour s'acheter un petit pain.

J'ouvre vite la porte. Une jeune femme assez ronde est assise sur une chaise derrière le comptoir. Elle a l'air paisible. Elle s'est accoudée au comptoir sur lequel, juste à côté de la caisse, il y a un grand bocal avec des gaufres, exactement comme dans la boulangerie à côté de la maison où habite ma mère. Plutôt : où elle a habité. Peut-être qu'elle a déménagé, je n'en sais rien. De l'autre côté du comptoir il y a un grand plat avec des pâtisseries, des pains aux raisins et des croissants. Un glaçage de sucre blanc les recouvre et au bord, là où la couche de sucre est plus mince, je vois très bien de petites boules sombres. Des raisins secs.

L'odeur de pain et de gâteau est délicieuse. Dehors on ne sentait rien. Mais la porte du magasin est toujours fermée, contrairement à celle de la boucherie-charcuterie d'à côté, et puis l'odeur de la charcuterie fumée couvre celle, plus douce, du pain. Du moins mon nez perçoit-il les choses comme ça. Pour lui, rien n'est plus fort que l'odeur de saucisson.

– Qu'est-ce que tu veux ? me demande la femme derrière son comptoir en se levant.

Je lève ma boîte et la lui tends.

Elle fait un geste comme pour la repousser.

– Il y a déjà quelqu'un qui est venu chez nous à la maison et je ne donne pas deux fois.

Sa voix me montre que je me suis trompée. Ce n'est pas quelqu'un de paisible. Mais je n'abandonne pas si vite. Je reste plantée devant elle et lorgne vers les rayons au fond du magasin. Il y a des pains de toutes les tailles et un panier plein de petits pains. Des petits pains salés et des pains au lait un peu fendus au milieu.

La femme suit mon regard et fait une grimace d'agacement.

– Autre chose ? demande-t-elle. Va, maintenant. Je ne veux pas que tu réclames de l'argent dans le magasin et que tu embêtes mes clients.

Je me mets à jurer intérieurement, je n'ose pas le faire à voix haute. Puis je ressors. Sans petit pain et sans un morceau de gaufre. Ce que j'aurais préféré, c'est une pâtisserie, un pain aux raisins avec son glaçage au sucre blanc. Mais rien à faire. Qui n'a pas de cœur serre le poing dans la poche plutôt que de donner quelque chose. Que son avarice l'étouffe !

Cependant ma déception est de courte durée. Je me rappelle la tablette de chocolat dans ma poche et, de plus, je me trouve devant la boucherie-charcuterie de la femme aux deux voix. « Reviens donc demain », a-t-elle dit, et il m'a semblé qu'elle parlait sérieusement.

Grâce à la tablette de chocolat dans ma poche, l'odeur de saucisson est presque supportable. Mais je n'arrive pas à attendre aussi longtemps qu'hier, ce qui ne serait pas très malin. « Quand le bonheur arrive, il faut lui présenter une chaise », dit souvent tante Lou. Lorsque l'ombre de la maison d'en face atteint le milieu de la rue j'attends encore un peu qu'il n'y ait plus de clients dans le magasin, puis j'entre.

Je tends ma boîte à la femme, exactement comme hier, en baissant prudemment un peu la tête. Le comptoir n'est pas très large et je ne sais pas si elle peut voir on non le trait de fusain sous mes yeux. De plus, tenir la tête baissée donne une impression d'humilité, et les gens préfèrent les enfants humbles aux enfants effrontés.

– Te revoilà, dit-elle immédiatement avec sa deuxième voix, sa voix douce, en me tendant quelque chose.

Un regard en biais me permet de constater qu'il s'agit d'une saucisse de Vienne. Non, deux. Je les attrape aussi vite qu'il est possible de le faire quand on a la tête baissée. Aujourd'hui j'arrive à dire « merci » tout de suite. On s'habitue à tout, même aux choses bien. Sa main réapparaît une nouvelle fois dans mon champ de vision, cette fois-ci avec une pièce, une pièce de un mark qu'elle met dans la fente de ma boîte.

Un mark tout rond ! De tout mon cœur je lui souhaite une longue vie et une bonne santé, elle doit être vraiment bonne.

Puis je me retrouve devant le magasin. Entre deux personnes au cœur généreux, je croque un petit bout d'une des saucisses. J'en ai presque fini une, ça va trop vite, il faut que je sois plus économe. Je vais attendre le son de deux pièces dans la boîte avant de m'accorder un autre petit bout. C'est comme un jeu et j'ai beaucoup de plaisir. Quelle belle journée !

Dans la maison d'en face, à l'étage au-dessus du magasin de vêtements, une vieille femme s'est assise devant sa fenêtre ouverte. Elle est accoudée sur le rebord de la fenêtre et regarde dans ma direction. Ses joues sont creuses, elle n'a sûrement plus de dents. Cela me fait penser que je dois creuser mes joues. Une autre raison de ne pas reprendre trop vite de la saucisse. J'attendrai quatre personnes charitables.

La première est une femme portant un petit chapeau avec une de ces plumes bleu-vert scintillantes. Une dame. Elle a les ongles peints en rouge vif. Elle met trois pièces dans la fente. Je ne les ai pas vues, mais je crois que ce ne sont que des pfennigs, le bruit en tombant n'a pas été très fort.

La personne suivante est un homme avec un

gros ventre et un double menton. Je dois commencer par lui débiter toute l'histoire avec Mme Heuss-Knapp, la bonne, la généreuse, la miséricordieuse femme de notre président qui a créé la Maison de repos pour les mères. Il écoute tout et pose même des questions.

– Est-ce que les Amerloques y participent ?

Je n'ai aucune idée si les Américains y participent, mais vu le mot « Amerloques » je préfère répondre « non ».

– Et les communistes ? demande-t-il en faisant vibrer son double menton. Est-ce que ça a un rapport avec les communistes ?

– Non, lui dis-je, bien que j'ignore qui d'autre que Mme Heuss-Knapp cela concerne. C'est une affaire cent pour cent allemande.

Dommage que je n'aie pas à cet instant de longues tresses blondes au lieu de mes mèches de cheveux bruns. Mais cela ne semble pas le gêner. Il met deux pièces dans la fente et je m'imagine qu'elles ont rendu un son argenté. Les grandes pièces ne rendent pas le même son que les pfennigs, je l'ai appris entre-temps, même si les gens tiennent souvent l'argent de sorte que je ne voie rien. Dommage que la boîte ne soit pas en verre. Ce serait bien plus excitant.

La troisième est de nouveau une dame avec un garçon très proprement habillé. Bien qu'il ne soit pas beaucoup plus jeune que moi, elle le tient encore par la main. Ça me rend complètement folle. Je ne veux pas que quelqu'un me prenne par la main, je veux dire pas dans la rue, mais j'ai quand même des larmes de rage qui me montent aux yeux quand je vois ça. Surtout quand c'est un enfant qui marche entre sa mère et son père et que les deux lui ont donné la main. Je pourrais les tuer, ces enfants-là. Ou les mères ou les pères, je ne sais pas très bien. Je sais seulement que ça me rend folle de rage.

Sans qu'on le voie, je passe une main sur mon chemisier. La lettre émet un faible bruit et, quand je bouge, je la sens sur ma peau. Alors je ferme les yeux un instant et j'essaie d'imaginer le visage de tante Lou. Ma rage se dissipe. Quand je pense à tante Lou il m'est impossible de rester en colère. Mais il ne faut pas que je pense trop longtemps à elle, sinon...

Je rouvre les yeux. Ils me brûlent encore un peu, mais cela peut venir aussi du soleil qui apparaît soudain entre deux nuages et qui m'aveugle.

La prochaine donatrice n'est heureusement pas une femme avec enfant mais une femme avec deux sacs à provisions qu'elle pose tranquillement. Bien sûr, elle me donne quelque chose. J'ai l'air si pitoyable que personne ne parvient à me résister. Je suis imbattable, aujourd'hui j'obtiens tout ce que je veux. Sauf les dix marks pour aller chez tante Lou.

D'un coup, la tablette de chocolat n'est plus aussi importante. « Quand le cœur est amer, la douceur dans la bouche est sans effet. » Ça aussi c'est une des phrases de tante Lou.

Je fais un effort pour ne plus penser à elle mais exclusivement à la collecte. Ce qui m'importe ce n'est pas la Maison de repos. Pourquoi je ramasserais de l'argent pour des mères que je ne connais même pas ? C'est le prix qui m'importe. Je croque dans ma seconde saucisse, un gros morceau. Mais elle non plus ne me semble pas aussi bonne que la précédente. Et le soleil a de nouveau disparu derrière les nuages.

Vers cinq heures ma boîte est lourde, très lourde. Elle doit être quasiment pleine. Quand je la secoue elle fait un bruit sourd, et quand quelqu'un y met une pièce on entend tout de suite le rebond. Cela fait longtemps qu'elle n'émet plus un bruit de ferraille. Il y a sûrement beaucoup d'argent maintenant. Il ne faut pas que je commence à imaginer tout ce qu'on pourrait faire avec cet argent. Je ferais mieux de penser au prix. Je crois que je vais l'avoir, ce prix.

Pour l'instant je me demande si je le veux vraiment, même si c'est un livre. C'est sûrement un livre, d'ailleurs, quoi d'autre, sinon ? Chez nous, la fille qui a le meilleur carnet en fin d'année reçoit toujours un livre, a dit Duro. Le plus souvent il s'agit d'une encyclopédie ou d'un livre sur les mythes de l'Antiquité. Un livre serait un bon prix.

Mais je n'arrive pas à oublier le dicton de tante Lou sur la belle oie. Malgré tous mes efforts, je ne peux m'empêcher d'y penser. Je suis tellement plongée dans mes réflexions que je n'enregistre rien du chemin du retour. Soudain je me trouve devant le portail.

Je vais d'abord dans la salle d'eau et j'enlève les traits de fusain. En aucun cas on ne doit découvrir la ruse que j'ai employée. Bien sûr, la collecte est finie maintenant, mais qui sait si je ne vais pas devoir y recourir une autre fois ?

CHAPITRE VII

Quand les pensées sont sombres, le cœur ne peut être éclairé

Je retire la couverture de mon lit. Tout en la pliant soigneusement, j'évite de regarder vers ma table de chevet sur laquelle il y a la boîte. En vain. À chaque fois mon regard y reste accroché. Elle est là, à côté de *Huckleberry Finn*, rouge éclatant et se moque de moi.

Huckleberry Finn ne se poserait pas autant de questions. Mais il est vrai qu'il n'existe que dans un livre. Dans la vraie vie tout est un peu différent, je crois. Par exemple, Huckleberry Finn a un père qui le bat quand il est à jeun. Ce n'est pas vrai, l'homme qui a écrit le livre n'y connaît rien. Dans la vraie vie, les parents battent leurs enfants quand ils sont ivres, et quand ils sont à jeun ils les regardent à peine.

Et puis ce passage où Huckleberry Finn se sauve de chez lui parce que son père ivre a voulu le tuer avec un couteau. Tout ça est décrit avec tant d'humour que je pourrais en rire si je ne savais pas comment c'est dans la réalité. En plus, à chaque fois que je retombe sur ce passage, le beau cochon me fait pitié. Car Huckleberry Finn a tué un cochon seulement pour qu'il y ait une trace de sang jusqu'à la rivière et faire croire à tout le monde qu'il s'est noyé. Tout un cochon pour une trace de sang, c'est difficile à imaginer ! Tant de viande, de quoi nous nourrir pendant des semaines ! Il aurait pu prendre un rat, par exemple, ou deux, si le sang du premier n'avait pas suffi. Enfin, bon, Huckleberry Finn n'a pas vécu dans un foyer.

Et puis il pouvait aller en forêt quand il voulait, pour réfléchir, ou pour vivre des aventures. Je rêve souvent de forêts et de grottes, de trésors et de descentes de rivière. Je m'imagine que je vais à la pêche avec Huckleberry Finn et qu'il fait du feu pour frire le poisson. Au-dessus de la rivière se tient la lune, et au-dessus d'elle des milliers d'étoiles dans un ciel noir comme du velours. Huckleberry parle de fantômes et explique comment se protéger d'eux, mais moi, je me moque de lui parce qu'il est trouillard.

Bien sûr, nous allons parfois nous promener en forêt le dimanche, mais nous sommes alors toujours nombreuses. Nous sommes toujours nombreuses, quoi que nous fassions. Et notre forêt n'est pas aussi grande ni aussi sauvage que les forêts de Huckleberry Finn. Il est vrai qu'il n'a pas vécu ici, mais en Amérique, au bord d'une grande rivière qui s'appelle le Mississippi. Quand nous sommes parties de Pologne, ma mère, tante Lou et moi, nous avons traversé une grande rivière en bateau. Je ne me souviens plus très exactement comment c'était et en plus il faisait nuit, mais je suis sûre que cette rivière-là n'était pas aussi belle que le Mississippi.

Peut-être que tout est différent en Amérique. Il va falloir que j'en parle avec Uncle Sam Silver.

Dorothea range sa boîte aux trésors, prend ma boîte pour la collecte et la soupèse.

– Lourd, dit-elle, très lourd. Tu en as eu beaucoup.

Je hoche la tête et pose ma couverture pliée sur le dossier de la chaise.

– Je crois que tu vas avoir le prix, poursuit Dorothea. La boîte d'Élisabeth est loin d'être aussi lourde.

– Ce qui compte, ce n'est pas le poids de la boîte, réplique Élisabeth d'un ton hautain. C'est ce qu'il y a comme pièces.

Plus loin Susanne dit quelque chose à Rosemarie en chuchotant et celle-ci se met à rire. Est-ce que c'était de moi qu'elle riait ? Je l'ai vue encore avec Duro aujourd'hui.

Dorothea est assise sur son lit, vêtue de sa chemise de nuit blanche légère aux lisérés bleus. Devant sa poitrine pendouille la clef de sa boîte aux trésors. Elle a déjà noué ses tresses pour dormir. Le jour, elle laisse ses cheveux libres pour cacher sa bosse, je crois. Maintenant on voit la bosse très distinctement.

Elle aurait sûrement eu plus d'argent que moi parce que tout le monde aurait eu pitié d'elle. Mais jamais elle ne participerait à une collecte, parce que, alors, elle devrait sortir dans la rue. Elle ne le fait que quand c'est absolument indispensable. « Je déteste que les gens me regardent », dit-elle souvent. Elle a pourtant un beau visage avec des yeux gris très clairs. Dans sa chemise de nuit blanche, on dirait presque un ange. Un ange un peu abîmé, aux ailes coupées. Dont il ne resterait que le tronc.

Je hausse les épaules et j'essaie de ne pas regarder par là. Je ne veux pas voir la boîte. Je ne veux pas penser à la boîte. Mais le bruit des pièces s'impose, même s'il est sourd. L'oie est bien gavée.

– Pas étonnant qu'elle ait eu tant d'argent,

dit Élisabeth depuis la fenêtre. Mendier, les gitans ont ça dans le sang.

Pendant un moment je vois tout trouble, mais je ne dis rien. Avant je me mettais souvent à pleurer et à jeter des objets, mais il y a longtemps que j'ai arrêté. J'ai trouvé un bon truc, je pense tout simplement à autre chose. Par exemple au chemisier rouge que je suis juste en train d'enlever. Je me rappelle combien j'avais été heureuse lorsque tante Lou me l'a offert et je me dis : « Les idioties d'Élisabeth ne sont rien comparées au chemisier rouge que tante Lou m'a acheté. »

Je n'ai qu'un seul autre chemisier, hormis celui-là, un vieux chemisier bleu donné par le foyer. Il faudrait absolument laver le rouge. Avant de recevoir la lettre de tante Lou, hier, j'étais à peu près sûre d'aller chez elle le week-end prochain. Elle aurait lavé mes affaires. Elle le fait toujours. Elle me donne des habits qu'elle ne met plus et lave tout ce que j'apporte. Ici, au foyer, nous avons notre propre laverie, mais aucune de nous ne confie les affaires auxquelles elle tient, parce que souvent il y a des vêtements qui disparaissent. On fait laver seulement les sous-vêtements, les chemises de nuit, ce genre de trucs. En aucun cas je ne donnerais mon chemisier rouge. Nous avons le droit d'aller prendre de la lessive chez Mme Breitkopf et de laver nos affaires nous-mêmes. Mais je n'ose pas. L'hiver dernier j'ai abîmé un pull que m'avait tricoté tante Lou. Un pull rose avec un motif de chats gris. Il est sorti du lavage tout feutré et complètement rétréci. Pendant des semaines j'ai pleuré, jusqu'à ce que tante Lou m'en offre un autre, mais qui était loin d'être aussi beau. Un pull fait avec des pelotes qui lui restaient.

Il y a trois jours mes sous-vêtements sont revenus de la laverie. J'ai glissé tout à l'heure la tablette de chocolat sous la pile ; elle y sera en sécurité. Je partage mon armoire avec Renate qui, elle, n'y touchera sûrement pas. Elle n'est pas du genre à fouiller dans les affaires des autres. Je crois que s'il n'y avait qu'elle je pourrais poser la tablette sur la table et quitter la chambre, à mon retour elle serait toujours là. Je veux dire la tablette.

Sans qu'on me voie je sors la lettre de tante Lou de sous ma chemise de corps et la mets sous mon oreiller. Demain je la remettrai sous ma chemise. D'abord parce que je ne veux pas que quelqu'un d'autre la trouve, Élisabeth par exemple, et ensuite parce que j'aime bien la sentir sur moi. J'aime beaucoup, même. C'est presque comme si tante Lou me faisait une caresse.

Dorothea repose ma boîte sur la table de

nuit. Le bruit sec du métal sur le bois ne fait aucun doute. J'enfile ma chemise de nuit ; il faudrait impérativement la laver. Puis je me glisse sous la couverture.

Moins d'une minute plus tard, Mlle Urban entre pour éteindre la lumière.

Dorothea n'a pas rangé sa boîte aux trésors dans l'armoire ; une fois encore elle la garde contre elle dans son lit. Je crois qu'elle fait ça quand elle est très triste. Peut-être pense-t-elle au prix à cet instant en regrettant de ne pas avoir participé à la collecte. C'est une fille étrange et je ne sais pas si cela tient à sa bosse. Jamais elle n'a fait la moindre allusion à chez elle ni à son passé. Je crois que personne ne sait rien d'elle, si elle est venue d'un autre foyer ou de sa maison.

Dehors le chien s'est remis à aboyer. Très doucement et très loin d'ici. Les gens ont sûrement un autre chien en plus de celui que j'ai vu. Impossible que les aboiements du petit s'entendent jusqu'ici. Celui que j'imagine est grand et noir et traverse tel un loup solitaire des forêts enneigées. En Pologne il y a des loups, a dit tante Lou. Ils viendraient de Russie. Moi, j'aurais peur des loups. Mais un grand chien me plairait. Un chien à qui il suffirait de dire : « Attaque ! »

Maintenant il a cessé d'aboyer.

Je me sens bizarre, presque comme si je planais, et en même temps mes bras et mes jambes sont raides et tremblants. Ma tête a l'air d'être enflée, tout comme mon cou. J'ai chaud. Surtout au côté droit, là où il y a ma table de nuit. La boîte rouge est comme un poêle chauffé à blanc, j'en sens la chaleur sur mon visage. Devant mes yeux dansent des cercles rouges.

Tante Lou dit que les hommes sont bons par nature. Que seule la vie, les circonstances les rendent mauvais. Je ne la crois pas. Les circonstances, ici dans le foyer, sont toutes identiques pour chacune de nous, et il y a néanmoins des filles méchantes et d'autres qui ne le sont pas. Comment pourrait-on comparer Élisabeth et Renate ? Et pourtant les deux cohabitent ici, dans la même chambre. Je préfère ne pas réfléchir à mon propre cas. Je crois que je ne suis pas aussi bonne que le pense tante Lou.

Depuis un long moment déjà Suzanne n'arrête pas de se retourner dans son lit ; maintenant ses mouvements se font plus lents et moins violents. Peu après Renate se met à pleurer. J'ouvre les yeux. D'abord je ne vois rien du tout, puis mes yeux s'habituent à l'obscurité de la chambre et j'arrive à distinguer clairement les contours de ma boîte sur la table de nuit. Mais plus la couleur. Le rouge devient très vite noir quand il fait sombre. Comme le sang qui sèche.

Que peut bien être le prix qu'offre la présidente locale ? Je verrai bien quand l'une d'entre nous le recevra. Mais peut-être y a-t-il d'autres enfants, d'autres écoles, celles qui ne sont pas dans un foyer, à participer à la collecte. Je l'ignore. Mlle Urban n'en a rien dit. Mais quand bien même il en serait ainsi, je suis sûre que seule une fille de chez nous, du foyer, peut gagner le prix. Il doit en être ainsi, car nous sommes les seules à en avoir besoin. Les autres ont déjà tout. Peut-être pas tout ce qu'ils veulent, mais ils ont des parents, et ils ont des affaires à eux. Je ne tiens pas ça seulement des livres, je le constate assez souvent. Au fond beaucoup d'enfants qui ne sont pas du foyer vont dans notre école. On les appelle les externes. Je les vois quand nous avons le droit de sortir et que nous nous promenons en ville. Ils jouent dans les rues, sur les terrains des immeubles bombardés, ou font des achats avec leurs mères. De temps à autre des enfants passent devant notre foyer sur leurs bicyclettes et nous regardent avec curiosité quand nous sommes dans la cour ou sur le terrain de sport. Ils ont de superbes bicyclettes. D'accord, j'exagère un peu, il y en a qui ont aussi de très vieux vélos, mais plusieurs ont des vélos flambant neufs, rouges, bleus ou argent.

Moi, par exemple, je ne sais pas faire du

vélo. Tante Lou a eu pendant un certain temps un vélo assez déglingué, qu'elle voulait m'apporter. Mais j'ai dû partir brusquement au sanatorium, et peu après le vélo s'est cassé complètement. Si elle peut en dégoter un autre un jour, elle m'apprendra à en faire, c'est ce qu'elle m'a promis.

Un jour tante Lou m'a raconté une histoire, une histoire ancienne qui lui est arrivée en Pologne, quand elle était encore enfant.

Elle a pris la bicyclette de son père un jour en cachette, a mis sa petite sœur sur la barre et elle est partie. Juste après la maison qu'ils habitaient la rue descendait abruptement. « Très abruptement, a dit tante Lou, un véritable précipice. »

Elle a donc descendu cette pente avec sa petite sœur en se rendant soudain compte qu'elle ne pouvait pas freiner. Elle a dit que les freins ne fonctionnaient pas. Je ne sais pas si c'est vrai, je ne sais même pas comment fonctionnent les freins d'une bicyclette. Le vélo a pris de plus en plus de vitesse, et tante Lou avait terriblement peur parce que l'engin ne s'arrêtait plus. Mais sa petite sœur trouvait ça très drôle.

Tout en bas de la rue trois solutions se présentaient à tante Lou : continuer tout droit, sur la grande route, au risque de percuter une voiture, une charrette ou un piéton; aller droit dans l'arbre qui se trouvait entre la rue en pente et la grande route, ou bien foncer dans les grands buissons qui entouraient le jardin du Dr Liepman. Elle a bien sûr opté pour les buissons, c'est ce que j'aurais fait à sa place. Il n'empêche que la bicyclette était quand même tordue et que sa petite sœur saignait de la tête et s'était râpé genoux et coudes. Ce qui lui était arrivé à elle, je l'ignore, elle ne me l'a pas raconté. Seulement que son père l'a rossée.

« Pas à cause de sa bicyclette, a-t-elle expliqué, mais à cause de ma petite sœur que j'avais mise en grand danger. Elle aurait pu mourir. C'était un homme bon, mon père, mais il avait la main lourde. »

C'est là quelque chose que je ne comprends pas. Un homme qui a la main lourde ne peut pas être un homme bon. Tante Lou est quelquefois crédule, elle trouve toujours une excuse à tout. Je suis très différente d'elle pour ça. En tout cas je ne crois pas que mon grand-père ait été un homme aussi bon que le dit tante Lou. Il est mort accidentellement. Où et comment, je n'en sais rien, elle ne veut jamais le dire. Mais qu'il ait été un homme bon, ça oui. À chaque fois qu'elle l'évoque elle ne peut s'empêcher de pleurer.

Jamais encore elle ne m'a parlé de ma

grand-mère. Il faut dire que je ne pose pas de questions sur ce qu'il y a eu avant, j'attends qu'elle en parle d'elle-même. Cela me gêne, d'une certaine façon, de la questionner. Peut-être parce qu'elle pleure facilement.

Je dois ajouter que plus tard la petite sœur de tante Lou est devenue ma mère. Parfois je me suis demandé ce qui se serait passé si l'aventure de tante Lou avec la bicyclette s'était terminée autrement. Son père, mon grand-père donc, a bien dit que ma mère aurait pu mourir. Et alors ? Dans ce cas je n'aurais pas existé. Je n'arrive pas à me l'imaginer. Et puis tante Lou aurait pu être morte, elle aussi. J'arrive encore moins à me l'imaginer. Un monde sans tante Lou ? Sans son rire ? Sans ses dictons ?

Rien que d'y penser j'ai l'impression d'étouffer. Comme si quelqu'un me tenait la tête sous l'eau.

Tante Lou, tu as raison. Quand les pensées sont sombres, le cœur ne peut être éclairé. Est-ce que toi tu n'as jamais des pensées sombres ?

CHAPITRE VIII

Il faut se baisser pour ramasser la pièce si l'on veut la mettre dans sa poche

Élisabeth, près de la fenêtre, ronfle. Susanne dort déjà, Dorothea aussi, Jutta également. Même Renate a cessé de pleurer et respire très régulièrement. Seule Rosemarie risque d'être encore éveillée. Je décide d'attendre encore un peu plus. Soudain j'entends le grincement d'un lit ; j'entrouvre alors les yeux. Rosemarie. Elle se lève sans faire de bruit et quitte la chambre sur la pointe des pieds. Elle n'a même pas jeté un coup d'œil vers mon lit. Bon, maintenant je suis au courant, elle va chez Duro. Qu'elle y aille si cette grosse vache lui plaît. Moi, ça m'est égal. Je n'aime ni l'une ni l'autre.

Maintenant je suis la seule à être encore

éveillée. Je suis en feu, comme ma boîte. Il fait plus clair dans la chambre. Peut-être que la lune est sortie de derrière un nuage. En tout cas j'arrive à bien voir Renate dans cette pénombre. Son lit est près de la fenêtre, en face de celui d'Élisabeth. Renate est couchée sur le côté, en boule. Sa main droite tient serré un bout de sa couverture qu'elle presse très fort contre sa bouche. On dirait un petit enfant. Soudain je pense à Püppi, Püppi dormait dans cette position. Püppi, du foyer précédent, avec laquelle j'ai si souvent joué. Je ne me souviens déjà plus de son vrai nom, tout le monde l'appelait Püppi. Est-ce qu'elle va bien ? C'est étrange, je n'ai plus jamais pensé à elle depuis. Non, pas étrange, typique. J'oublie tout simplement très vite. La prochaine fois que Susanne ira voir sa sœur, il faudra que je lui donne quelque chose pour Püppi. Absolument.

Sans faire de bruit je me lève. Je ne mets que mes chaussettes, je laisse les chaussures où elles sont. Mon cartable grince quand je l'ouvre. C'est idiot, j'aurais pu sortir mon canif avant. Le voilà. J'enfile mon blouson vert puisqu'il fait tout de même assez frais le soir, je prends le canif et la boîte rouge. Bien sûr, elle n'est pas vraiment brûlante, je le savais. Elle est même froide. Pour empêcher que l'argent ne fasse du bruit, je la serre sur ma poitrine sous le blouson et vais vers la porte sur la pointe des pieds, puis, en passant par le couloir, jusqu'à la salle de travaux manuels et de là au grenier.

Je me retrouve donc assise sur ma couverture, devant une bougie allumée, tenant la boîte près de la source de lumière pour la regarder. On voit à peine les deux fils réunis par le plombage, en fait on ne voit que leurs ombres sur le métal rouge. À la lueur de la bougie celui-ci est de la couleur des coquelicots en fleur.

Peut-être que le prix est une bicyclette ?

Non, c'est impossible, une bicyclette est bien trop chère. Et puis le prix m'est indifférent, ou presque indifférent. Je veux autre chose. Je veux aller chez tante Lou.

En principe, c'est mal, ce que j'ai l'intention de faire. En principe. Mais qu'est-ce que cela veut dire : il y a tant de choses qu'en principe il ne faut pas faire. « Il faut se baisser pour ramasser la pièce si on veut la mettre dans sa poche », dit tante Lou. C'est bien ça. J'ai l'intention de me baisser.

En plus, si je prends dix marks, cela représente une grosse somme pour moi, mais pour la Maison de repos c'est une miette. Peut-être un millimètre d'épaisseur de moins de beurre sur la tartine. Ce n'est pas tellement grave si les mères n'ont pas tous les jours des tartines avec plein de beurre dessus, ça doit être supportable.

On vole beaucoup au foyer. Argent et bonbons, par exemple, disparaissent très vite si on ne fait pas attention. Et puis toutes les affaires dont on ne peut pas savoir immédiatement à qui elles appartiennent, comme les gouaches, le papier à lettres. C'est pourquoi nous faisons toujours une marque sur nos crayons. Mais il y a d'autres affaires où il n'y a pas de risque. Personne jamais ne volera la poupée d'Élisabeth ou mon dessus-de-lit. Qu'est-ce qu'on pourrait bien en faire ? Chacun les reconnaîtrait immédiatement.

Moi, je ne trouve pas que ça soit si grave de voler. Mais tante Lou dit qu'il y a une différence entre ce qui est à moi et ce qui est à autrui. Sauf quand quelqu'un a très faim, là, c'est différent, cela ne justifie pas davantage qu'on vole, dit-elle, mais on peut comprendre. Et si quelqu'un a envie de revoir une autre personne, c'est un peu comme la faim. J'ai raison, non ? Ne dirais-tu pas que c'est comme si l'âme avait faim ?

Et puis je ne le lui dirai tout simplement pas, j'expliquerai que j'ai trouvé un billet de dix marks dans la rue. Bien sûr, je n'aime pas lui mentir, mais si le fait de connaître la vérité la rend triste, il vaut mieux qu'elle n'en sache rien.

J'ai de tout autres soucis. Que se passera-t-il

si on s'en rend compte ? Si, après coup, ils voient que j'ai coupé le fil ? Eh bien, il faudra que je dise que je l'ai trituré comme ça, par distraction. Que le fil s'est rompu par hasard, après tout il est très mince. Et s'ils me demandent pourquoi je n'en ai pas parlé tout de suite à Mlle Urban ? Je peux répondre que j'ai eu peur qu'ils croient que j'avais pris quelque chose. Mais que ce n'est pas vrai, que je n'ai rien pris.

Si je leur tiens tête, ils ne peuvent rien faire contre moi. Comment pourraient-ils prouver que j'aie pris quelque chose ? Personne ne peut savoir combien j'ai récolté d'argent.

Le mieux c'est de cacher l'argent derrière la poutre, au cas où ils se mettraient à chercher. « Il ne faut pas démordre de ce qu'on a déclaré et faire attention qu'ils ne trouvent pas de preuve », disait toujours Arnulf. Arnulf a habité dans la maison à côté de la nôtre quand j'étais encore chez ma mère. Il a plusieurs fois été arrêté par la police ; de tous les enfants c'était lui le meilleur pour faire du marché noir. Personne n'a jamais su où ni comment il s'est débrouillé pour avoir les cigarettes américaines, il ne l'a jamais dit. À chaque fois la police était obligée de le relâcher. Arnulf était intelligent et rusé, tout lui réussissait. C'est lui d'ailleurs qui m'a offert le canif quand j'ai dû aller au sanatorium. « Cadeau d'adieu et en souvenir », a-t-il dit. Alors qu'il ne pouvait pas savoir, à ce moment-là, que nous ne nous reverrions plus. Moi-même j'ignorais que je ne retournerais pas chez ma mère.

Mais au sanatorium ils ont vu mon dos et mes jambes, si bien que la femme de l'Assistance est venue pour tout prendre en main. « Tu n'as plus à avoir peur », a-t-elle dit. Elle n'a rien compris, mais elle s'est donné du mal. Tante Lou a immédiatement explosé quand elle a entendu le mot « foyer ». Elle est incapable de faire semblant. J'étais comme elle, avant, mais depuis j'ai beaucoup appris. Il ne faut pas que les autres voient ce qu'on ressent et il ne faut jamais dire ce qu'on pense vraiment. Même pour penser il faut être prudent. Il y a des pensées dont il vaut mieux se méfier.

J'éloigne la boîte de la bougie pour que, sous l'effet de la chaleur, la peinture ne fasse pas des cloques qui ne partiraient plus. Un fil de fer, dont les deux bouts passent dans un œillet avant d'être soudés par un plombage, traverse un minuscule tube dans le couvercle de la boîte. La distance entre le petit tube et l'œillet est très faible, je n'arrive pas à glisser le couteau sous le fil pour le trancher. J'essaie plusieurs fois en faisant très attention de ne pas déraper et – Dieu m'en garde – de rayer la peinture rouge.

Je n'y arrive pas. Le fil passe trop près de la boîte. Un canif n'est pas l'outil idéal pour ce genre de travail. Je le replie et le mets dans la poche de ma veste. L'idée m'est venue de prendre une des paires de ciseaux sur les étagères. Je me lève et écoute d'abord près de la porte s'il n'y a pas de bruit suspect.

Bien que personne ne vienne jamais dans la salle de travaux manuels la nuit, je ne peux m'empêcher d'avoir peur. Non pas que je craigne les esprits et les fantômes la nuit, comme Huckleberry Finn sans doute, non, je crains tout simplement Mlle Urban. J'imagine la scène si elle ouvrait soudain la porte et me demandait : « Qu'est-ce que tu fiches ici à cette heure ? » Aujourd'hui surtout ce serait grave, mais même à un autre moment je ne saurais pas quoi lui répondre. Pourtant c'est moins la punition qui me fait peur, même si c'était la corvée de vaisselle, que le fait qu'elle ne remette plus la clef ouvrant la porte du grenier dans le carton.

À la lueur de la bougie, je cherche différentes paires de ciseaux que j'emporte. J'en laisserai une derrière la poutre, on ne sait jamais à quoi elle pourrait encore servir.

La première, mince et pointue, est la bonne. Il est très facile de couper le fil, bien plus facile que je ne l'aurais cru. J'ai quand même fait une petite rayure sur la boîte, mais personne ne la remarquera. Je sors le fil du petit tube, puis je repousse le couvercle en arrière. La boîte est pleine presque à ras bord. J'aurais sans doute eu le prix, sûr que ma boîte était la plus pleine. Mais ça m'est complètement égal maintenant, je n'ai pas besoin de ce prix idiot.

Je fouille un peu dans la boîte. Les pièces ne sont pas très lisses et rendent un tintement très léger. Voir tant d'argent me fait tout drôle. Bien sûr, il y a beaucoup de pièces d'un et de deux pfennigs, mais la plupart sont des pièces de cinq et de dix. De temps à autre une pièce d'argent. C'est suffisant pour la Maison de repos, et c'est suffisant pour moi. J'y plonge la main et je répands une poignée d'argent sur ma couverture, puis une autre, toujours plus. À la fin il y a une montagne d'argent devant moi. Tant d'argent ! Tout ce qu'on pourrait acheter avec ça !

Et si je disais qu'on m'a volé la boîte ? Qu'un homme me l'a arrachée ? Non, laisse tomber, ils ne te croiront jamais. Ni que je l'ai oubliée quelque part. Il vaut mieux me sortir ces idées de la tête.

Je regrette quand même un peu de leur faire cadeau de tout cet argent. Il y a deux pièces de cinquante pfennigs, trois pièces de un mark et même une de deux marks. Je prends la pièce de deux marks, une pièce de un mark et six pièces de cinquante pfennigs. Puis je retire quarante pièces de dix pfennigs du tas. Avec un papier journal, je fais un rouleau que je cache aussitôt derrière la poutre, le plus au fond possible.

Je remets ensuite les pièces dans la boîte, très prudemment, presque une par une, parce que le moindre tintement résonne à mes oreilles comme un coup de tonnerre.

De toute façon, maintenant je ne me sens pas très bien. Pas parce que j'ai volé. Qu'est-ce que ça veut dire voler ? Je n'ai pas volé. J'ai pris quelques pièces parmi tout un tas. Et j'ai besoin de cet argent, il faut que j'aille chez tante Lou. Absolument. Sinon je vais retomber malade. D'ailleurs je me sens déjà très mal. Demain c'est samedi, demain je vais chez tante Lou. Je ne le dirai à Mlle Urban qu'au tout dernier moment, elle ne pourra pas m'en empêcher. On ne peut pas appeler tante Lou le samedi. Elle me laissera sûrement partir. Demain je vais...

Mais ensuite je me dis : si on prend ce qui vous revient, il ne faut pas trop exagérer. Sinon ça peut mal se terminer. Alors d'accord. Je n'irai pas chez tante Lou demain, seulement la semaine prochaine.

Aussitôt je me sens mieux. Puis je me dis

que je pourrais donner la tablette de chocolat à Renate. Pas pour me punir, mais par souci d'équilibre, pour ne pas tout garder. Celui qui ne donne jamais rien se retrouvera manchot. Ce soir, au moment du repas, Inge m'a discrètement offert un bonbon au caramel. Rien qu'à moi, pas aux autres. Je vais donner la tablette de chocolat à Renate, pour qu'elle aussi ait quelque chose. C'est une bonne idée et du coup je me sens parfaitement bien.

Il ne me reste plus qu'à repasser le fil dans le petit tube et à rejoindre proprement les deux bouts pour qu'on ne voie pas que j'y ai touché.

Soudain j'ai le souffle coupé. Il y a une chose à laquelle je n'ai pas pensé. J'ai beau tirer sur les deux bouts de fil, impossible de les faire se rejoindre. J'ai les mains qui commencent à trembler. Comment ai-je pu être aussi stupide ? Pourquoi n'y ai-je pas pensé plus tôt ? J'aurais pu me douter qu'il n'y avait pas assez de longueur de fil pour renouer les deux bouts.

Du calme, du calme, sinon tout est fichu. Il ne faut pas que je panique, il me faut réfléchir calmement à ce que je dois faire maintenant. Cela ne devrait pas me poser de problème.

Il n'empêche que je dois attendre un certain moment avant que mes mains cessent de trembler. Puis j'ai une idée : je vais recoller les deux bouts de fil à l'aide d'un petit morceau de cire. Quand la cire aura durci, cela devrait tenir. Il faut seulement espérer que personne ne tire sur le plombage.

Mais ce n'est pas si simple. C'est un travail très minutieux, il ne faut pas avoir les mains qui tremblent. Je m'efforce de ne penser à rien, même pas à tante Lou. Surtout pas à tante Lou. Seulement à ce que je suis en train de faire.

Je tiens la boîte inclinée, place un doigt sous les bouts de fil et fais tomber quelques gouttes de cire. C'est chaud, mon doigt se contracte, une goutte tombe sur la boîte. Tandis que la cire durcit, j'enlève délicatement la goutte solidifiée avec mon ongle.

Cette chose met longtemps avant d'être sèche et dure. D'abord je crois avoir réussi, le fil tient. Mais lorsque j'essaie de diminuer entre mes doigts le petit rouleau de cire, celui-ci s'effrite et les deux bouts de fil se désolidarisent.

À recommencer donc de zéro. Il faut que je prenne moins de cire et que je fasse d'entrée un rouleau plus mince.

Mais même la seconde fois je ne réussis pas.

Si seulement je pouvais revenir en arrière. Mais maintenant il est trop tard.

Je retourne dans la salle de travaux manuels la bougie à la main pour ranger les paires de ciseaux et chercher quelque chose qui puisse m'aider. J'ai de la chance. Dans un tiroir contenant des affaires de bricolage je trouve un tube de colle. Cela devrait marcher.

Cette fois-ci je suis plus prudente. Je couche la boîte sur le côté en la serrant entre mes genoux pour que le couvercle ne soit pas repoussé par la masse des pièces, glisse deux doigts sous les bouts de fil et les pince. Puis je mets une goutte de colle. Voilà. Il s'agit ensuite de retirer doucement la main, de remonter un peu le plombage, d'appliquer le fil contre le petit tube et d'attendre que la colle sèche.

Attendre, attendre, attendre. Et ne penser à rien, à rien du tout.

Je ne sais pas combien de temps cela dure, quelques minutes ou une heure. Je suis assise là, figée. Puis j'essaie de voir si cela a marché. Oui. Il est même possible de rétrécir encore un peu la petite boule. L'ennui, c'est qu'elle est tellement transparente qu'on voit parfaitement les deux bouts de fil qui ne se touchent pas complètement. Mais ce n'est pas un problème. Un peu de salive et de poussière me permet de donner à cette boule de colle une teinte gris clair ainsi qu'à la boîte elle-même à l'endroit du plombage. Ainsi cela lui donne un aspect un peu usé mais non abîmé.

Quand on ne regarde pas de trop près – et pourquoi quelqu'un le ferait-il ? – tout a l'air complètement normal. C'est seulement un peu sale, sinon on ne voit rien.

Je pose la boîte sur la couverture. La flamme de la bougie se met à vaciller à cause de l'air qui passe entre les tuiles. C'est maintenant seulement que je me mets à trembler pour de bon et à pleurer de soulagement.

Moi, quand je commence à pleurer, je ne m'arrête pas de si tôt, je le sais. Je prends mon pot de colle et retire le couvercle. Mais cela ne sert à rien, je pleure à en avoir mal à la tête et à la gorge quand j'essaie de déglutir.

Puis ça passe. Je respire encore un peu de colle pour me calmer. Ma tête se vide.

Je reviens dans la chambre avec la boîte et la pose sur ma table de nuit de telle sorte qu'on ne puisse voir l'endroit éraflé. Rosemarie a regagné son lit, elle dort. Est-ce qu'elle a vu que je n'étais pas là ? Qu'est-ce qu'elle a bien pu en penser ? Mais en même temps je m'en moque. Elle ne dira pas à Mlle Urban que je n'étais pas dans la chambre. Sinon je pourrais dire qu'elle en est sortie après l'extinction des lumières. De toute façon je ne crois pas qu'elle cafte, ce n'est pas son genre. Je m'en moque. Je me moque de tout.

Enfin je me retrouve dans mon lit et me mets à penser à Püppi.

Je vois son visage, ses bras frêles. Comment ai-je pu l'oublier ? J'avais tellement souhaité qu'elle soit ma petite sœur. Quelqu'un que je pouvais aimer. Comment va-t-elle maintenant ? Est-ce qu'elle a retrouvé une grande qui la protège ?

Parfois Püppi nous chantait une chanson, *O Cangaceiro*, ou quelque chose dans ce genre, en tout cas pas une chanson allemande. En même temps elle dansait en cercle, levant sa petite jupe si haut qu'on voyait sa culotte. Moi, je trouvais cela mignon. Mais un jour Mme Maurer est venue et s'est fâchée, lui criant qu'elle ne devait plus jamais faire cela. Elle était livide tant elle était en colère, elle qui ne criait que rarement. De peur Püppi s'est mise à pleurer. Alors Mme Maurer l'a prise dans ses bras et l'a embrassée. Mais Püppi ne voulait pas que Mme Maurer l'embrasse, elle a continué à pleurer jusqu'à ce que je m'occupe d'elle. Mme Maurer ne s'est même pas opposée à ce que Püppi dorme avec moi. Aujourd'hui encore, je ne sais pourquoi tout cela m'a semblé si étrange. Püppi avait peur, et moi aussi.

Pourquoi je n'arrive pas à penser à quelque chose de drôle à présent ? Pourtant je devrais me réjouir d'avoir l'argent pour le voyage. Je devrais pouvoir m'endormir tranquillement.

Je me mets à compter. Je compte des pièces de cinq et de dix pfennigs, et parfois il y a un éclat argenté. Le bout des doigts me fait mal à cause de la cire. De plus je me suis piqué l'index droit avec les ciseaux.

Soudain je me rappelle le vrai nom de Püppi. Sigrid.

CHAPITRE IX

Même dans le jardin d'Éden, il ne ferait pas bon être seul

Le lendemain, au petit déjeuner, Mlle Urban se lève pour agiter sa clochette en laiton. Elle dit qu'après le petit déjeuner elle aimerait ramasser les boîtes de la Maison de repos pour les mères. Que toutes les filles ayant participé à la collecte se retrouvent dans la salle de travaux manuels pour rendre leur boîte, avant que l'école ne commence !

Soudain je n'ai plus faim et je remets dans la corbeille à pain la seconde tartine que j'ai déjà prise. Sur mon assiette il y a encore la moitié de la portion de margarine. Je la prends sur la pointe de mon couteau et la tends à Renate. Mais elle secoue la tête. Elle n'en veut pas, apparemment elle non plus n'a pas faim.

– Donne, me dit Duro en tendant la main.

Je ne peux pas faire autrement que de donner le bout à cette grosse vache.

– Qu'est-ce qui t'arrive, Halinka, tu es en train de retomber malade ? demande Inge au bout de la table.

Je hausse les épaules. Cela se pourrait bien, il est vrai que je me sens un peu nauséeuse.

– À partir de demain, c'est moi qui suis de garde à l'infirmerie, dit Inge.

Je monte l'escalier les jambes flageolantes. Je vais d'abord aux toilettes parce que j'ai mal au cœur. Je reste penchée au-dessus de la cuvette. J'ai envie de vomir mais il n'y a rien qui sort hormis un peu de salive.

Puis je retourne dans la chambre. Élisabeth, sa boîte à la main, part déjà. Elle a mis les vêtements qu'elle vient de recevoir. À mon tour j'attrape ma boîte. Je vois tout flou, je n'arrive pas à distinguer correctement le fil. Tout à l'heure, avant le petit déjeuner, cela avait l'air pas mal, même avec la lumière du matin, mais maintenant j'ai des doutes. Que se passera-t-il si Mlle Urban s'en aperçoit ? Qu'est-ce que je vais dire ?

Je tiens la boîte en prenant garde à ne pas toucher le plombage. Mes jambes sont toutes molles et mon visage est chaud comme si j'avais de la fièvre. Pour me rafraîchir je passe par la salle d'eau et me lave la figure.

Mlle Urban se tient derrière la table de coupe de la salle de travaux manuels, devant elle il y a les cartons pour les boîtes de la collecte. Cette fois-ci il n'y a que deux cartons. Elfriede est accoudée au rebord de la fenêtre. C'est la chouchoute de Mlle Urban, tout le monde le sait au foyer. Mais je ne suis pas jalouse. C'est toujours elle qu'on appelle quand Mlle Urban a besoin d'aide. Par exemple, Mlle Urban sonne rarement elle-même le gong dans les couloirs, le plus souvent c'est Elfriede qui le fait. Et quand il s'agit de porter quelque chose de lourd, c'est toujours elle qu'on appelle parce qu'elle est grande et costaude. Bien fait pour elle. Est-ce que Mlle Urban sait que Elfriede frappe souvent les autres ?

Mlle Urban colle sur les boîtes des étiquettes avec le nom des filles. Élisabeth a déjà rendu sa boîte, Claudia et la nouvelle la suivent. Comment s'appelle-t-elle, en fait ? Il va falloir que je demande à Susanne. Après, une fois que tout sera fini.

– Quand est-ce que la gagnante recevra le prix ? demande Claudia.

Mlle Urban prend sa boîte.

– Sans doute mercredi prochain. Mme Lehmann a dit qu'elle essaierait de compter l'argent pendant le week-end. Si tout va bien, lundi vous saurez qui est l'heureuse gagnante.

La présidente locale s'appelle donc Mme Lehmann. Elle peut s'appeler comme elle veut, je m'en fiche.

C'est mon tour. Je tourne ma boîte pour que Mlle Urban puisse attraper l'anse. Pendant un moment elle la garde devant elle, je n'arrive plus à respirer. Elle hésite. Puis elle a un large sourire et pose la boîte dans le deuxième carton qui est presque plein lui aussi. Sur le couvercle de la boîte elle colle une étiquette à mon nom.

– Ta boîte est très lourde, Halinka, me dit-elle. Vraiment très lourde.

Je réussis à respirer et soudain plus rien n'a d'importance. D'un air indifférent je hausse les épaules. J'ai déjà eu mon prix, je ne vois pas ce que je pourrais avoir de mieux. Le week-end prochain j'irai chez tante Lou. Cela fera dix semaines. Je vais chez elle, et tout le reste ne me concerne pas. Personne. Ni Elfriede ni Mlle Urban. Pas Rosemarie, pas Renate, cette idiote, qui n'a pas voulu de mon bout de margarine. D'ailleurs Renate est un prénom idiot, mais je m'en fiche aussi.

Après le déjeuner, Jutta et Susanne préparent leurs sacs. Jutta va chez sa grand-mère et

Susanne à Hildegardis, voir sa sœur. Soudain j'y pense : je voulais donner quelque chose à Susanne pour qu'elle l'apporte à Püppi. Mais je n'ai rien hormis la tablette de chocolat que je comptais offrir à Renate. De plus il y a de fortes chances que Susanne mange la tablette pendant le trajet. Je cours dans l'autre chambre, chez Inge, et lui demande si elle peut me donner encore un bonbon. Elle me regarde d'un air étonné.

– Susanne va à Hildegardis, chez sa sœur, lui dis-je. C'est pour Püppi.

Elle comprend tout de suite et va chercher trois bonbons et une sucette rouge dans son armoire.

– Tiens, dit-elle, prends-les, j'en ai assez.

Ce n'est pas une radine, Inge.

Je repars en courant. Susanne est toujours là. J'arrache une feuille de mon carnet à dessin, dessine une petite poupée et enveloppe les trois caramels et la sucette dans la feuille. Susanne prend le petit paquet et le met dans son sac.

– Et demande à Püppi de m'écrire quelque chose, lui dis-je.

Susanne hoche la tête, attrape son sac et s'en va avec Inge. Elles prennent le même train. Cette fois-ci je ne les envie pas. Qu'elles partent toutes ! J'ai quelque chose qui me réjouit d'avance.

Malheureusement il pleut, sinon je serais allée sur le terrain de sport. Souvent, le samedi, il y a des grandes qui jouent au basket et, parfois, elles me laissent jouer avec elles. Quand elles sont trop nombreuses et qu'elles n'ont pas besoin de moi, je fais du saut en longueur. Mais lorsqu'il pleut c'est impossible. Il faut rester à l'intérieur.

Ce n'est peut-être pas plus mal, car je me sens un peu faible. Pas étonnant, je n'ai pas beaucoup dormi cette nuit.

Je jette un coup d'œil sur l'horloge du couloir. Deux heures trente-cinq. Si j'avais pris le train de 14 h 27, je serais partie depuis huit minutes. Au lieu de cela je suis ici. Eh bien, je vais lire un peu. Ou rêvasser. En tout cas me reposer.

Rosemarie est assise derrière la table, devant elle il y a son carnet à dessin et ses gouaches. Elle dessine souvent, des motifs de fleurs ou de belles femmes avec de longs cheveux bouclés. Ces femmes ont de grands décolletés et des manches bouffantes. Parfois elles ont des faces-à-main et des papillons volettent autour d'elles. Hier soir Rosemarie était chez Duro, et il se peut qu'elle sache que je m'en suis aperçue. Quand elle est revenue, elle a dû voir que mon lit était vide. Il se peut aussi qu'elle n'ait pas regardé dans ma direction, parce que je lui suis complètement indifférente.

Élisabeth est assise sur son lit, en train de coiffer son imbécile de poupée. Dorothea est assise sur le sien, le dos contre le montant du lit, les bras croisés derrière la tête. On ne voit pas sa bosse, son cou est seulement un peu court. Elle joue avec Élisabeth à « Je vois ce que tu ne vois pas ».

Je suis vraiment très fatiguée. C'est pourquoi je quitte mes chaussures et m'allonge. Je passe d'ailleurs le plus clair de mon temps libre sur le lit. Il n'y a pas que moi, les autres aussi. La plupart du temps nous ne savons pas très bien quoi faire.

Je ne lis pas, je fais celle qui dort. Car j'aime beaucoup quand Élisabeth et Dorothea jouent à « Je vois ce que tu ne vois pas ». Je joue alors avec elles secrètement, sans qu'elles s'en rendent compte.

Ma règle du jeu diffère cependant de la leur. Contrairement à Élisabeth et à Dorothea qui n'ont le droit que de prendre des objets de la chambre, je ne choisis que des objets qui n'y sont pas, mais dans mon souvenir. Et je dois les décrire avec une grande précision. C'est bien plus difficile qu'on ne l'imagine, c'est peut-être pour cela que ça me plaît tellement.

– Je vois quelque chose que tu ne vois pas et qui est jaune, dit Élisabeth.

Jaune. Jaune était le champ de blé, à la fin de l'été. J'étais partie à la campagne avec tante Lou. À l'époque elle avait la bicyclette. Elle était simplement venue nous rendre visite, à moi et à ma mère, mais quand elle a vu l'homme étranger et les taches bleues sur mon bras, elle m'a prise avec elle pour faire une randonnée en vélo. J'étais assise sur le porte-bagages dur en écartant le plus possible les jambes pour ne pas me prendre les pieds dans les rayons. Quand nous avons atteint le champ de blé nous nous sommes arrêtées parce que c'était beau. Mais non, il n'était pas seulement jaune, il y avait aussi un peu de brun dans le jaune. Et une touche de vert. Et partout les taches de couleurs des fleurs. Les taches rouges des coquelicots et les taches bleues des bleuets.

En bordure du champ, il y avait d'autres fleurs encore, roses, avec des feuilles d'un vert plus clair que celui des bleuets. Les fleurs se trouvaient en haut de la tige et on aurait dit qu'elles étaient découpées dans du papier. J'ai beaucoup aimé ces fleurs. J'ai demandé à tante Lou comment on les appelait. Mais elle ne connaissait que le nom polonais que j'ai oublié depuis. J'ai voulu en cueillir quelques-unes mais c'était difficile, la tige me coupait la paume de la main quand je cherchais à l'arracher. À l'époque, je n'avais pas encore le canif qu'Arnulf m'a offert peu de temps après pour mon départ.

Quelques jours plus tard seulement le médecin est venu avec son camion dans la cour de l'école pour nous faire passer une radio. Je ne m'en souviens pas précisément. Le lendemain de cette randonnée, j'ai montré la fleur à ma maîtresse pour lui demander comment on l'appelait. Elle a dit que c'était une veillotte. C'est un joli nom. Une fleur qui est là, le long du chemin, et qui veille. Sur qui ? Sur moi, bien sûr. Au sanatorium j'ai souvent repensé à ces fleurs en m'imaginant qu'elles étaient là-bas à attendre que je revienne. Mais je ne l'ai pas fait, je ne les ai plus jamais revues.

– Le protège-cahier à la place de Renate, dit Dorothea.

– Non, dit Élisabeth d'un ton triomphant. Quatre fois faux déjà. Tu n'as plus droit qu'à une seule réponse.

– J'abandonne, dit Dorothea.

Élisabeth se met à rire.

– Les chaussettes de Rosemarie.

– Mais elles sont dans l'armoire, proteste Dorothea. On ne peut pas les voir.

La voix d'Élisabeth est hautaine.

– La règle, c'est qu'on peut prendre tout ce qui est dans la chambre. Et tu sais aussi bien que moi que Rosemarie a des chaussettes jaunes.

Rosemarie ricane. Je regarde entre mes yeux mi-clos en direction de Dorothea. Elle est furieuse, mais elle ne peut rien faire contre Élisabeth. Personne ne le peut. Dorothea se mord les lèvres si fort qu'elles deviennent toutes blanches et boursouflées comme une vieille cicatrice mal refermée.

– D'accord, dit-elle, mais maintenant c'est mon tour. Je vois quelque chose que tu ne vois pas et qui est marron.

– Mon chemisier, répond Élisabeth.

– Non.

Dorothea rigole.

– L'une des tables, suggère Élisabeth. C'est une couleur idiote, le marron. Il y en a tellement.

– N'empêche, dit Dorothea. En plus tu ne peux prendre qu'une table à la fois. Mais bon, je vais t'aider un peu. C'est pas du tout les tables.

Marron. Marron était la robe que portait ma mère le jour où nous étions au tribunal. La femme de l'Assistance me tenait très fort par la main. Ma mère n'a pas regardé vers moi. En tout cas pas au début, quand j'ai vu sa robe marron. Je ne sais pas si elle m'a regardée plus tard, car je n'ai plus cessé ensuite de fixer le sol. Le sol était lui aussi marron, en bois, avec de grosses fentes et des stries sombres. Je me souviens encore très bien qu'une de ces stries ressemblait à un lézard.

« En Pologne, il y a beaucoup de lézards, a dit tante Lou quand je lui en ai parlé. L'été, ils sont sur les pierres chaudes et quand on essaie de les attraper en les retenant par la queue, celle-ci se détache. »

J'ai d'abord eu pitié des lézards, mais tante Lou m'a expliqué que cette queue repoussait. C'est pratique. Ce n'est pas le cas chez les humains. Quand on attrape trop brutalement un homme, il a des bleus et des hématomes et tout lui fait mal. Mais jamais le bras ne se détache pour repousser ensuite. Dommage. J'aurais aimé être un lézard et rester sur une pierre chaude au soleil. De préférence dans une forêt, dans une clairière. Les troncs des arbres dans la forêt sont eux aussi marron, tout comme les feuilles tombées par terre. Et les sous-bois, toujours un peu inquiétants.

– Mes mocassins, dit Élisabeth.

– Non.

La voix de Dorothea exprime le contentement et un peu de méchanceté. Elle a dû avoir une bonne idée. Marron est vraiment une couleur bien choisie, Élisabeth n'a aucune chance. Nous sommes sept dans la chambre et nous avons toutes des mocassins marron.

– Tes mocassins ?

– Non. (Dorothea rigole.) Tu ne devineras jamais.

– Les yeux de la gitane ?

– Non ! Un point pour moi !

D'un bond Dorothea se lève de son lit et montre une minuscule tache sur le mur au-dessus de sa table de nuit.

– Là, la chiure de mouche !

– C'est pas de jeu, dit Élisabeth. D'ici on dirait qu'elle est noire.

– Mais elle est marron ! crie Dorothea en jubilant. Aussi marron que la merde est marron quand il y a eu des haricots rouges au déjeuner.

Et aussi marron que la tablette de chocolat dans l'armoire sous ma pile de linge. Et celui que m'a offert il y a presque neuf semaines Uncle Sam Silver.

Uncle est un mot anglais qui veut dire oncle. Bien sûr ce n'est pas mon oncle, mais j'ai le droit de lui dire *uncle*. C'est l'amant de tante Lou. Du moins je le crois. Je ne lui ai jamais demandé, je n'ai pas osé. Je sais que tante Lou aimerait épouser quelqu'un, et pas seulement à cause de moi. « Même dans le jardin d'Éden, il ne ferait pas bon être seul », a-t-elle dit un jour.

Je comprends qu'elle ne veuille pas être seule. Huckleberry Finn était lui aussi très content quand il a rencontré le bon nègre de Miss Watson, Jim, avec lequel il a continué sa route. Et peut-être que la région du Mississippi ressemble un peu au jardin d'Éden. Mais sûrement pas à la chambre meublée de tante Lou. Elle est assez petite. En plus du lit et de l'armoire on ne peut mettre qu'une table et une chaise. Et un canapé. C'est moi qui dors sur le canapé quand je lui rends visite. Non, je ne m'imagine pas du tout le jardin d'Éden comme ça.

Tante Lou travaille dans une cantine américaine de midi à jusque tard dans la nuit. C'est pour cela qu'elle ne peut pas m'avoir. Mon tuteur – c'est quelqu'un des services de l'administration que je ne connais absolument pas – a rejeté aussi sa deuxième demande. La première fois il a dit que je ne pouvais pas vivre chez elle parce qu'elle n'avait pas de travail fixe, la deuxième fois qu'elle ne pouvait pas s'occuper de moi dans la mesure où elle travaillait tard le soir. « Il n'y a rien à faire », a dit tante Lou à ce moment-là après avoir un peu pleuré. « Il peut décider où tu dois être, c'est le tribunal qui l'a voulu ainsi. Mais si je trouve un homme et que je l'épouse, je retourne le voir. Tu peux être sûre qu'il ne pourra plus rien dire. »

Depuis ce jour j'espère qu'elle va trouver un mari. C'est pourquoi j'ai bien regardé cet Uncle Sam Silver. Il est dans l'armée. Il me plaît assez. Je ne sais pas s'il a de l'argent et s'il a l'intention de se marier. Il faut dire que tante Lou ne le connaît que depuis trois ou quatre mois et sans doute on ne se marie pas aussi vite.

Ma mère ne s'est jamais mariée, je crois. En tout cas, dans le registre de l'école il y a un trait sous le nom du père. Zut, je n'ai pas envie de penser à ma mère. Parfois j'y arrive vraiment pendant des jours et même des semaines. Ce n'est que depuis cette collecte pour la Maison de repos qu'il m'arrive d'y penser.

Tante Lou. Tante Lou et Uncle Sam Silver. Il ne faut pas espérer qu'un miracle se produise, sinon après je vais être déçue. Mais il n'empêche que je rêve souvent depuis que j'ai fait la connaissance d'Uncle Sam Silver aux vacances de Pâques. Parfois seulement. Il y a aussi des jours où je crois que je ne sortirai plus jamais d'ici. Tout simplement jamais, jamais, jamais. Alors j'imagine comment, tous les ans, il y en a qui partent, d'autres qui arrivent et moi je suis toujours là. Je vieillis, je vieillis de plus en plus, et à la fin je meurs dans cette chambre, sur ce lit, sans avoir jamais vu une seule orchidée.

CHAPITRE X

Quand on a le pain, on finit par trouver le couteau

Je n'arrive pas à me concentrer pour compter. Je suis complètement perturbée. Cette fin de semaine pluvieuse est tout sauf ennuyeuse. Au contraire. Il n'y a pas que le malheur qui n'arrive jamais tout seul, le bonheur c'est pareil. Ou, comme dit tante Lou : « Quand on a le pain, on finit par trouver le couteau. »

Mais procédons dans l'ordre. C'est ma vieille ruse : il faut se coucher sur le dos, fermer les yeux, alors ont peut revivre quelque chose de beau en pensée. Un mot, un geste, une couleur. De cette façon-là on n'oublie pas trop vite les belles choses et on en profite deux fois, trois fois, quatre ou cinq fois. La sixième fois c'est souvent un peu ennuyeux, parce qu'on s'habitue vraiment à tout, même à ce qui est beau.

Je suis allongée sur le dos, regardant le plafond de la chambre qui, maintenant, en pleine nuit, ressemble à un lourd nuage gris, puis je ferme les yeux et je me représente tout, dans l'ordre...

C'est samedi soir, quelques heures auparavant. Élisabeth et Dorothea dorment déjà, Jutta et Susanne ne sont pas là, et Rosemarie a rejoint sa nouvelle amie Duro. Renate commence à pleurer. J'essaie alors de penser à autre chose, par exemple aux orchidées, et soudain je me rappelle ma tablette de chocolat. J'avais l'intention de la mettre cet après-midi sous l'oreiller de Renate, puis finalement j'y ai renoncé. Mais maintenant je regrette. C'est presque comme si je n'avais pas tenu une promesse. Bien que je ne l'aie jamais faite de vive voix.

Je me lève pour aller chercher la tablette dans l'armoire et m'assois sur le bord du lit de Renate. Je distingue très bien sa tête aux cheveux noirs, tant il fait clair. Ce soir j'ai fait attention, la lune est presque pleine et il n'y a plus un seul nuage dans le ciel. La pluie a cessé.

Renate s'est rendu compte que quelqu'un est assis à côté d'elle, mais elle ne peut pas savoir que c'est moi. Elle ne lève pas la tête, elle cherche seulement à me repousser de son coude. En même temps elle marmonne quelque chose que je ne comprends pas. Mais je suis têtue. Elle mangera ce chocolat, juré. Elle va voir ! Elle ne va tout de même pas m'empêcher de faire une bonne action !

Sans faire de bruit j'enlève le papier, bien qu'il ne soit pas utile d'être silencieux. Élisabeth et Dorothea ont vraiment le sommeil lourd, je le sais. Je casse une barre de chocolat et cherche à la lui fourrer dans la bouche. Elle lève encore un peu plus le bras droit pour me repousser, mais je maintiens ma main entre sa tête et son bras. C'est difficile de trouver sa bouche, parce qu'elle a caché son visage dans ses mains. Tout est mouillé de larmes, de morve, tout glisse, si bien que c'est encore plus difficile. Finalement je la trouve et la barre de chocolat entre. Du moins c'est ce qu'il me semble, car je suis prudente et j'évite d'y mettre les doigts.

Elle cesse de pleurer. D'un coup, comme un petit enfant à qui on donne sa tétine. J'ai vu ça un jour où je suis allée chez tante Lou, car en face de moi, dans le train, il y avait une femme avec un bébé. C'était à mourir de rire. D'une seconde à l'autre il a cessé de pleurer.

Comme Renate à l'instant. Elle se retourne, se redresse et me regarde. Je fais un effort pour lui sourire le plus gentiment possible et repousse dans sa bouche la barre de chocolat qu'elle a à moitié rejetée dans la surprise. Même sans lumière je peux distinguer que son visage est tout barbouillé. Je n'ai pas été très adroite en lui mettant cette barre dans la bouche.

Comme sœur cadette, Renate serait très bien.

Je me lève, la sors de son lit et l'entraîne dans la salle d'eau. Nous avons le droit d'y allumer la lumière, car quand on a été aux toilettes il faut se laver les mains. Mlle Urban a une vraie manie avec la propreté des mains. J'allume donc la lumière et pousse Renate devant la glace. Elle se regarde. Il y a deux têtes, la sienne et la mienne. Je ne peux m'empêcher de rire parce qu'elle a un air si drôle ; du coup, elle se met à rire à son tour. Ses dents sont éclatantes au milieu de sa bouche barbouillée de chocolat. Pendant qu'elle se lave la figure je continue à l'observer.

Soudain j'ai une idée.

– Viens, lui dis-je, mets tes chaussettes sans faire de bruit, prends ta veste en laine et suis-moi. Je vais te montrer quelque chose.

Nous allons chercher chaussettes et vestes ; je prends également la tablette de chocolat entamée sur son lit. Sans poser de questions, Renate longe les murs derrière moi. Quand je prends sur l'étagère la clef de la porte du grenier, elle ouvre de grands yeux. Mais elle ne dit rien avant de se retrouver assise à côté de moi sur la couverture derrière le mur de valises. Puis elle s'émerveille :

– C'est beau.

La bougie est allumée. Nous nous regardons. J'avais oublié combien un visage pouvait changer à la lueur d'une bougie qui vacille.

Je ne trouve rien à ajouter, Renate non plus apparemment. Je casse donc un morceau de chocolat et le lui mets dans la bouche. Elle prend la tablette, casse à son tour un morceau et me le fourre dans la mienne. Nous restons longtemps comme ça à sucer tranquillement notre bout de chocolat.

– Où tu as eu le chocolat ? demande soudain Renate.

Je lui parle de la femme à la jupe marron et au chemisier blanc.

– Tu as collecté beaucoup d'argent ? demande-t-elle. Dorothea raconte que tu auras sûrement le prix. Et Élisabeth est furieuse et dit du mal de toi.

– Je ne crois pas que je vais l'avoir.

Pas un mot pour expliquer pourquoi.

– Si j'avais été la femme à la jupe marron et au chemisier blanc, moi aussi j'aurais préféré te donner quelque chose à toi plutôt qu'à Élisabeth.

Je ris. Renate aussi.

– Dans le foyer où j'étais avant, il y avait une petite, dis-je. Elle dormait exactement comme toi, toujours avec le bout de sa couverture pressé contre sa figure. Elle s'appelait Püppi et j'ai souvent désiré qu'elle soit ma petite sœur.

– C'est bizarre. Je n'ai jamais eu envie d'avoir une petite sœur, j'ai toujours eu envie d'avoir une grande sœur. Une grande sœur qui sache tout et qui m'aide.

Nous nous regardons. Soudain il y a quelque chose entre nous, comme une tension. La flamme de la bougie vacille et au-dehors un chien aboie. Celui-là a une voix plus claire et l'aboiement provient de la direction opposée.

– C'est sérieux ce que tu dis ?

Renate hoche la tête et me glisse le dernier morceau de chocolat dans la bouche. Puis elle plie soigneusement le papier et le met dans la poche de sa veste. Cela me plaît. Manifestement elle sait qu'il faut être prudent quand on ne veut pas se faire pincer. Et du papier de chocolat dans le grenier rendrait Mlle Urban immédiatement suspicieuse.

– Quand on raconte quelque chose dont on a honte à une amie, on ne peut plus jamais être méchante avec elle ou la trahir, dit-elle. Parce que sinon elle pourrait te trahir à son tour.

Je suis d'accord. Néanmoins il y a quelque chose qui me gêne. Je me lève, hésitante, et vais chercher mon livre de pensées. La lumière de la bougie n'arrive pas jusqu'à l'angle où il y a les briques, mais je le trouve malgré tout dans le noir.

Après tout, Renate n'a pas à connaître toutes mes cachettes d'un coup.

Je m'assois à côté d'elle, ouvre mon livre de pensées et lui lis ce que j'ai écrit quelques semaines auparavant : « Il faut être très prudent avec ses désirs. Quand on veut absolument quelque chose, il se peut très bien qu'on obtienne tout à fait le contraire. »

– Je ne comprends pas, commente Renate. Pourquoi tu as écrit ça ?

Elle a vraiment l'air de vouloir savoir.

– J'étais malade, dis-je pour commencer, je suis souvent malade.

Puis je m'interromps. Ce n'est pas mon fort, raconter, je n'aime pas me livrer. C'est pour cela que j'écris dans mon livre de pensées seulement les phrases marquantes, jamais ce qui s'est réellement passé.

Plus tard, quand je relis les phrases, je me souviens de tout, mais les autres ne peuvent pas comprendre. Non, je ne raconte jamais rien. Pourquoi je ferais une exception aujourd'hui ?

Renate me regarde de ses grands yeux. Ils ont l'air plus sombres que d'habitude. Renate ne ressemble vraiment pas à Püppi. Je baisse la tête.

Puis je continue :

– J'étais donc malade. J'étais dans la chambre et je savais que personne ne viendrait de toute la matinée. C'était un lundi, et le lundi Mlle Urban a six heures de cours. Je m'ennuyais et il se trouvait que je n'avais rien à lire. À l'infirmerie la chambre est laide, même le soleil ne parvient pas à l'embellir. Les trois autres lits étaient vides, des draps blancs comme les miens les recouvraient. J'ai regardé les taches jaunes sur les montants de fer-blanc et j'ai pensé qu'il y avait dessus comme des taches de pisse. À vomir. Et sous mes fesses je sentais l'alaise sous le drap, au cas où je ferais pipi au lit. Alors que ça fait longtemps que je ne fais plus pipi au lit.

« J'ai réfléchi à ce que je pouvais faire. Et soudain m'est venue une idée. La poupée d'Élisabeth. L'idée que pour une fois je pourrais tranquillement jouer avec la poupée d'Élisabeth. Je crois que je n'ai jamais eu de poupée et maintenant je suis un peu trop vieille. Mais ça m'aurait plu de jouer avec une poupée une fois au moins dans ma vie.

« Je suis donc retournée dans notre chambre à pas de loup. Par chance je n'ai croisé personne dans le couloir. La chambre était vide – évidemment, les autres étaient en cours – et la poupée était assise sur le lit d'Élisabeth. Je l'ai prise et je l'ai bien regardée, j'ai touché ses cheveux pour savoir comment c'était. Ils sont beaucoup moins doux qu'ils n'en ont l'air.

« Je me souviens encore que je me suis demandé si toutes les poupées étaient blondes. Celle de Claudia aussi a des cheveux blonds. Avec de longues boucles. Parfois Claudia lui fait des tresses, d'autres fois elle lui noue un ruban bleu dans les cheveux. C'est très beau, les rubans bleus dans les cheveux blonds. " Dans les cheveux noirs, les rubans rouges sont plus beaux ", a dit tante Lou en m'offrant un jour un ruban rouge, mais je l'ai perdu peu de temps après. Enfin, cela n'a rien à voir.

« J'étais donc là, sur le lit d'Élisabeth, tenant sa poupée avec laquelle je voulais jouer. Mais je ne savais pas à quoi. La poupée m'a fixé de ses yeux bleus stupides.

« " Tu as des yeux tout aussi méchants que ceux d'Élisabeth ", lui ai-je dit.

« Elle ne m'a pas répondu. Pourtant, quand Élisabeth joue avec elle, elle répond toujours d'une voix très aiguë et pressée. Je lui ai donc dit de nouveau qu'elle avait des yeux méchants.

« " Tu es jalouse parce que tu n'as pas de

beaux yeux bleus ”, s’est-elle soudain mise à siffler. Ce n’est pas facile de parler avec une voix aussi aiguë, ça chatouille drôlement la gorge.

« “ Ce n’est pas beau du tout, des yeux bleus, ai-je répliqué à cette stupide poupée. Ma tante Lou a des yeux très sombres, presque noirs. Et ma tante Lou est la plus belle femme du monde. Uncle Sam Silver l’a dit aussi. ”

« La poupée a pris le même air hautain qu’Élisabeth. “ Ton Uncle Sam Silver n’est qu’un bidasse américain, a-t-elle rétorqué et ta tante Lou une dragueuse d’Américains. ”

« Alors d’un coup j’ai compris comment jouer avec une poupée. Je l’ai retournée sur mes genoux, je lui ai enlevé sa culotte et je l’ai battue jusqu’à avoir mal à la main.

« Et brusquement je me suis mise à pleurer. J’ai remonté la culotte de cette poupée stupide, j’ai lissé sa robe et je l’ai remise sur le lit d’Élisabeth comme je l’avais trouvée. Je n’ai pas arrêté de penser : “ Encore heureux que tu ne l’aies pas tuée. ” Je suis retournée tout honteuse dans la chambre à l’infirmerie.

« J’ai pensé à autre chose encore, quelque chose de complètement ridicule : “ Heureusement que les poupées n’ont pas de bleus ou d’hématomes et qu’elles ne pleurent pas. ” »

J’arrête. Soudain cette histoire ne me semble

plus du tout affreuse, mais simplement ridicule. Alors qu'avant j'avais toujours mal au ventre quand je pensais à la fessée que j'avais donnée à la poupée. Peut-être que c'est différent maintenant parce que je l'ai racontée à quelqu'un. Mais en même temps j'ai brusquement peur parce quelqu'un d'autre est au courant.

Pourquoi j'ai raconté ça à Renate ? Pourquoi moi ? C'était à elle de commencer. Après tout, c'est moi qui lui ai montré ma cachette.

– Je ne veux pas que tu me racontes ton histoire aujourd'hui, lui dis-je. J'ai envie de me coucher.

Renate se lève aussitôt. Elle plie la couverture et la range sous la pente du toit. Avec la bougie à la main je vais jusqu'à la porte, puis j'éteins la bougie pour la cacher derrière la poutre habituelle. Nous regagnons notre chambre sans qu'on nous voie.

Recouchée, je n'arrive pas à m'endormir, une fois de plus. Je crois qu'elle ne dort pas non plus. Je ne peux donc pas encore commencer à compter. Je ne sais pas si je suis heureuse ou non. Je crois que je suis plutôt heureuse, mais j'aurais dû être plus prudente. Il ne faut jamais trop se dévoiler.

Je dois absolument écrire à Püppi. Il faut que je lui dise que lorsqu'elle chante *O Canga-*

ceiro elle ne doit plus jamais lever sa jupe de sorte qu'on voie sa culotte. Même si je ne comprends pas très bien pourquoi Mme Maurer s'est énervée comme ça, je crois qu'elle a raison. Il faut que j'écrive à Püppi. Elle est trop petite, elle ne comprend pas encore, il faut que quelqu'un lui apprenne à être prudente.

Soudain Renate est à côté de mon lit, se penche vers moi et m'embrasse.

– Bonne nuit, chuchote-t-elle.

Je suis tellement surprise que je ne lui réponds pas. Juste après je pense que c'est la première fois, ce soir, que je n'ai pas reniflé mon pot de colle. Je n'y ai tout simplement plus pensé.

CHAPITRE XI

Tondre la vache, traire le bouc

Nous avons le droit de dormir plus longtemps le dimanche, car nous ne prenons le petit déjeuner qu'à huit heures. Je suis assise à table et je fixe mon assiette. Renate est à côté de moi, mais je ne lui ai pas encore parlé.

Je ne sais pas d'ailleurs pourquoi ce matin tout est différent. Je me suis réveillée avec une étrange sensation dans le ventre et je n'ai pas osé regarder Renate. Et quand elle m'a demandé qu'on descende ensemble à la cantine, je ne lui ai pas répondu. C'est vraiment bête de se retrouver en plus à la même table. Je n'arrive pas à me décontracter et j'ai l'impression d'avoir tout fait de travers hier soir. Renate ne dit rien non plus, parfois seulement elle me jette un coup d'œil en biais. J'espère qu'elle sait qu'aujourd'hui est un autre jour. Hier c'est du passé. Il faut qu'elle oublie.

Le dimanche nous avons du beurre. Normalement j'attends ce moment pendant toute la semaine. La portion de beurre ne fait que la moitié de la portion de margarine qu'on nous donne ordinairement. Il faut soigneusement l'étaler si on veut pouvoir tartiner deux tranches de pain. Mais le beurre, c'est précieux. Peut-être parce que ça rime avec bonheur. Non, ce n'est pas une question de rime. Le mot est agréable parce que le beurre c'est bon et que nous en avons rarement.

Je n'ai pas vraiment faim aujourd'hui. Aussi j'utilise toute la portion pour tartiner mon pain. Manquerait plus que Duro prenne mon beurre du dimanche.

Je continue à fixer mon assiette. Une journée bizarre. Je suis complètement déboussolée. Renate me regarde et je fais celle qui ne se rend compte de rien. Je suis mal à l'aise. Tout me met mal à l'aise. Je suis une vache stupide, j'aurais dû éviter ce qui est arrivé. J'ai tout fait de travers.

C'est avec ce sentiment que je me suis réveillée. Quelque chose ne tourne pas rond. « Tondre la vache, traire le bouc », dit tante Lou quand je m'y prends comme une gourde et que rien de ce que j'entreprends ne marche. Tante Lou. J'ai remis sa lettre sous ma chemise de corps. Encore heureux que je n'aie rien dit à Renate des dix marks ! Mon cerveau fonctionnait donc quand même encore un peu ; un peu, mais pas assez. Une vraie oie qui s'épanche, comme si je ne savais pas qu'il faut être prudent. Raconter des histoires ! Quelle idée insensée ! Pourquoi je me suis prêtée à ce jeu ? Mais je m'en fiche de ce qu'elle pense de moi. Et je n'ai pas envie d'entendre ses histoires.

Vraiment une drôle de journée. Après le petit déjeuner je monte toute seule et m'installe à mon bureau. J'essaie d'écrire à tante Lou. Bien qu'il n'y ait que Renate dans la chambre, je n'y arrive pas. Ou justement parce que c'est elle. Au moins elle ne me regarde plus maintenant, elle m'évite, tout comme je l'évite. Pourquoi elle ne dit rien ? Elle devrait pourtant me demander ce qui ne va pas. Mais je suis contente qu'elle ne me pose pas de questions, parce que je ne saurais quoi lui répondre.

D'ailleurs, comment on peut s'appeler Renate ! C'est vraiment un nom idiot, je ne l'aime pas du tout. Dans la première école où je suis allée en Allemagne, il y avait une fille qui s'appelait aussi Renate. Elle était méchante et sournoise. C'était elle qui riait toujours le plus fort quand je faisais des fautes en parlant. Pourquoi n'y ai-je pas pensé hier soir?

Je remets ma trousse dans le cartable. Pas besoin de chercher une cachette pour le cahier de calcul qui contient le début de la lettre à tante Lou. « Chère tante Lou. » Ça, tout le monde peut le lire. Par ailleurs Renate ne se mettrait pas à fouiner dans mon cartable pour sortir le cahier et regarder ce que j'ai écrit sur la page du milieu. Elle ne fait pas ce genre de choses, j'en suis certaine. Et elle n'est ni méchante ni sournoise.

Seulement tout me met mal à l'aise. J'ai raconté des choses qui ne regardent pas les autres. Comme un enfant externe au foyer qui ignore tout, comme si je ne connaissais pas la vraie vie.

Je me lève, vais vers l'armoire, sors mon short de sport, l'enfile, passe la jupe par-dessus, et quitte la chambre. Pendant tout ce temps je n'ai pas regardé une seule fois Renate, mais du coin de l'œil j'ai pu voir qu'elle était allongée sur son lit, sur le côté, à regarder le ciel. Qu'est-ce qu'elle peut bien penser? J'aimerais quand même le savoir.

Je vais au terrain de sport. Le Dr Zuleger a dit que le sport me faisait du bien, m'aidait à être plus solide. De loin déjà j'entends Elfriede crier : « Mais lance donc! » Elle joue au ballon. Les filles sont tellement nombreuses qu'il y en a plusieurs à attendre, en tenue, qu'une des joueuses en ait marre. Je n'ai donc aucune chance. Pour le coup, je vais faire du saut en longueur. J'enlève ma jupe, puis mes chaussures et mes chaussettes. Le bleu sur mon tibia est plus net maintenant et le tour jaune indique qu'il est en train de disparaître. Quelle idiote, cette Duro !

Le soleil brille, mais le sable est encore mouillé de la pluie de la veille et se presse, sombre, entre mes orteils. Je m'en fiche. Je prends mon élan et je saute. Sans arrêt. Cette fois-ci je ne compte pas combien de fois je saute et je ne mets pas non plus de petits bâtons sur le côté du bac à sable pour voir jusqu'où j'ai sauté. Après chaque saut j'aplatis le sable humide avant de reprendre mon élan, même si je ne me bats pas contre moi-même aujourd'hui. Chaque fois que je saute, je me dis à voix haute : « Quelle merde ! » bien que je ne sache pas moi-même ce que je veux dire par là. Et puis je m'en fiche.

Tante Lou. Si seulement j'étais partie chez tante Lou hier. Quelle idée stupide de reculer ce voyage d'une semaine ! Pourquoi, au fond ? Pour me punir moi-même ? Où est le problème quand on prend ce dont on a absolument besoin ? J'ai besoin de tante Lou. Quand je ne la vois pas pendant longtemps, je finis par ne faire que des bêtises. La preuve, hier.

J'arrête de sauter seulement quand j'ai un point de côté, que l'air commence à me manquer et que les muscles des jambes me font mal. Mes jurons sont déjà moins forts et moins violents. Répéter – il faut tout répéter jusqu'à ce que ça ne fasse plus mal. Il n'y a pas que les rêveries agréables qui s'émoussent quand on les évoque souvent, mais également les choses désagréables. Il faut que je le retienne. Ce soir je le noterai dans mon livre de pensées.

Au déjeuner, une opportunité merveilleuse s'offre soudain à moi. Je serais vraiment stupide de ne pas la saisir.

Élisabeth est de corvée de table. Elle sort de la cuisine avec les plats pour sa propre table. Elle passe très près de nous. Nous avons déjà commencé à manger. Quand je vois Élisabeth s'approcher, je sors très vite mon pied gauche. Élisabeth trébuche. Quand elle touche terre et que la porcelaine se brise avec fracas, mon pied se retrouve déjà sous ma chaise et je lève la tête du même air étonné que les autres. Élisabeth se met à sangloter comme s'il lui était arrivé quelque chose de grave. Mais elle n'a rien. Elle se lève, fixe le sol, les plats brisés, et pleure. Mon Dieu, ce n'est quand même pas si grave !

Il y a beaucoup de filles qui rient. Je ris également, mais sous cape. Personne ne peut le remarquer. J'arrive très bien à prendre un air idiot, je me suis exercée. Même devant une glace.

Sur le sol les pommes de terre, la jardinière et le rôti de bœuf avec la sauce forment une bouillie dégoûtante. Maintenant je comprends pourquoi les assiettes sont toujours blanches, jamais marron. Sur le blanc la nourriture a l'air plus appétissante.

Personne n'a vu mon pied, pas même Élisabeth. Elle est toujours là, stupide, mais elle a cessé de pleurer. Deux filles de sa table vont chercher pelle et balai dans la cuisine et ramassent les débris en même temps que les pommes de terre, les légumes et la viande. Mlle Urban rouspète, alors Élisabeth se baisse, ramasse son plateau et retourne à la cuisine. Mlle Urban la suit. Je suis sûre qu'elle va piocher dans tous les plats qui n'ont pas encore été servis pour que la table d'Élisabeth ait à manger.

Je reprends ma fourchette. Le rôti de bœuf me semble particulièrement bon maintenant, vraiment bien meilleur que tout à l'heure. Même la jardinière de légumes que je n'aime pas trop d'habitude. Duro me passe sans rien dire le plat avec les pommes de terre. Le dimanche il y en a un peu plus, il lui est donc facile de se montrer généreuse.

Au moment de remonter dans notre

chambre, j'entends quelqu'un dire soudain à voix basse derrière moi :

– Tu as bien réussi ton coup.

Je me retourne, effrayée. Rosemarie et Duro. Je ne sais pas laquelle des deux a parlé. Quand les gens chuchotent à voix basse, il est plus difficile de distinguer les voix.

Duro me bouscule un peu.

– Vas-y, avance, ou est-ce que tu comptes dormir dans l'escalier ?

Vraisemblablement l'une d'elles a vu que j'avais sorti mon pied. Grand bien leur fasse ! Ce ne sont pas des cafteuses ni l'une ni l'autre, elles ne vont pas me trahir. Et même si elles le font, cela m'est égal. Je serai de corvée, c'est tout. Je m'en moque.

Une fois dans la chambre, je me mets à mon bureau pour faire mes devoirs. Je n'ai vraiment pas assez travaillé cette semaine. Pas seulement à cause de la collecte, dans l'ensemble c'était une semaine étrange.

Rosemarie n'a pas regagné notre chambre, Renate est de nouveau allongée sur son lit, mais cette fois-ci elle a pris un livre. Je ne vois pas lequel. Élisabeth est en train de faire une robe pour sa poupée idiote – où est-ce qu'elle a trouvé cette étoffe brillante et colorée ? – et Dorothea, assise sur son lit en tailleur, fouille dans sa caisse aux trésors. Dans une main elle tient la boule d'ambre.

Elle me l'a déjà montrée un jour, elle est aussi grosse qu'un œuf d'oiseau. Et la couleur ! Comme du miel pétrifié, avec de minuscules bulles et de petites impuretés sous la surface lisse. J'aurais bien aimé la prendre un peu dans la main, mais Dorothea l'avait vite remise dans sa caisse, avant de rabattre le couvercle et de fermer à clef. Elle doit être très agréable à toucher, cette boule bien lisse.

Dorothea s'est rendu compte de mon intérêt. Elle ouvre le couvercle de telle sorte que je ne puisse pas voir le contenu. Quelle idiote ! Il n'empêche que j'aimerais bien savoir ce qu'il y a dans sa boîte aux trésors.

Soudain Élisabeth déclare :

– Dorothea, tu ferais bien de faire davantage attention à ta boîte aux trésors.

Dorothea lève la tête.

– Pourquoi ? Tout le monde sait ici qu'elle est à moi et que je tuerai celle qui ose y toucher.

C'est vrai. Toutes les filles connaissent l'existence de la boîte aux trésors de Dorothea, pas seulement les filles de notre chambre, mais aussi toutes les autres filles du foyer. Et même si elle exagère un peu en parlant d'assassinat, je la crois capable de tout. Je la crois capable de beaucoup de choses.

– Je disais ça comme ça, fait Élisabeth.

Pour le coup, je me retourne.

Elle est assise sur son lit en train de coudre et ne lève même pas la tête, mais sa voix est haineuse.

– Quand on a la fille d'une tôlarde dans sa chambre, il faut faire très attention à ses affaires.

– Comment ça, la fille d'une tôlarde ? demande Dorothea, étonnée.

Moi non plus, je ne comprends pas ce qu'Élisabeth veut dire. Or, à ce moment-là, Renate se met à pleurer. Doucement, comme elle le fait le soir quand les autres dorment déjà. Je la regarde. Elle s'est couchée sur le ventre, le visage caché entre ses bras. Son dos se soulève avec les sanglots.

C'est donc vrai. Mais comment Élisabeth a-t-elle pu l'apprendre ? Et pourquoi en a-t-elle soudain après Renate ? La pauvre ! Une fois qu'Élisabeth a trouvé une victime elle ne la lâche pas de sitôt. Elle la titille et crache sur elle son venin sans qu'on puisse y changer quoi que ce soit. Il faut supporter ses vexations et essayer de faire comme si de rien était, sinon elle devient pire encore. Moi, elle n'a jamais pu me sentir. C'est réciproque.

Soudain je suis prise de rage. Une rage contre tout, contre cette chambre, ce foyer, et surtout contre Élisabeth. Et contre moi-même parce que je me laisse manipuler par elle. Qu'est-ce qu'elle s'imagine ? Tout ça parce qu'elle a des parents et qu'elle reçoit des petits paquets ? Et parce qu'elle mesure une demi-tête de plus ?

Je me lève si brutalement que mon encrier se renverse et que ma chaise heurte avec fracas le lit de Rosemarie. L'encre coule sur la table et s'égoutte par terre. Mais cela m'est égal. Je ne reste près de la table qu'un bref instant, puis je bondis vers le lit d'Élisabeth, l'attrape par l'épaule et la secoue.

– Arrête ! Ferme ta sale gueule !

Elle me regarde d'un air interloqué. Mais cela ne dure pas longtemps. Elle laisse tomber ses effets à couture, saute de son lit et commence à me frapper. Et moi – miracle, ô miracle ! – j'hésite un moment, puis je lui rends ses coups.

Nous nous battons avec véhémence, les dents serrées. Elle m'atteint au visage tandis que je réussis à attraper une de ses nattes et tire dessus de toutes mes forces. Elle est beaucoup plus forte que moi, mais je ne m'étais pas doutée que je pouvais l'être aussi. Elle n'arrive pas à avoir le dessus. Et dès que j'ai encaissé les premiers coups, je ne ressens plus la douleur. Je trébuche par-dessus ses jambes et tombe, mais je l'entraîne dans ma chute. Tantôt c'est moi qui suis sur elle, tantôt c'est elle, parfois je ne sais plus à qui appartient le bras levé, je ne m'en rends compte que lorsqu'il frappe ma tête. Mais cela ne me fait plus mal. Je donne des coups de pied, je frappe, je griffe, je mords. Quelqu'un crie très fort, de façon déchirante. Je ne vois plus que du noir devant les yeux, puis je comprends que c'est elle qui crie. Elle, pas moi ! Avec une force redoublée je continue à la frapper. Un liquide chaud coule sur mon visage, mais je ne fais pas attention. Je frappe. Pour chaque remarque, un coup, pour chaque méchanceté, un autre. Pour chaque regard de travers, à nouveau un coup. Je lui griffe le visage à deux mains. Qu'elle paie, qu'elle paie pour tout !

Et puis brusquement quelqu'un m'arrache de là. Mlle Urban est plantée devant nous et nous regarde d'un air à la fois horrifié et incrédule. Ce n'est qu'à ce moment-là que je porte la main à ma joue où dégouline quelque chose de chaud. Mes doigts sont rouges. Élisabeth n'est plus aussi belle que d'habitude. Elle souffle bruyamment, les larmes et la morve coulent sur son visage griffé. Sur la manche de son chemisier, il y a une grosse tache d'encre. Moi aussi je souffle, mais je ne pleure pas. Si Mlle Urban n'avait pas l'air aussi furieux, j'aurais même envie de rire. Elle nous attrape par le bras et nous tire derrière elle jusqu'à l'infirmerie. Élisabeth se laisse choir sur le lit le plus proche et sanglote. Je me mets devant la fenêtre en lui tournant le dos et fais celle qui regarde dehors. Mlle Urban décroche le téléphone.

Peu de temps après, le Dr Zuleger arrive. Il s'occupe d'abord d'Élisabeth. Son œil droit se ferme de plus en plus. Il appuie doucement ici et là, abaisse la paupière inférieure et dit à Élisabeth de bouger son œil. Puis il bredouille quelque chose d'incompréhensible et s'attaque aux égratignures de son visage. Il les tamponne d'iode, pour les désinfecter. Je sais à quel point cela brûle. Élisabeth fait une grimace mais ne dit rien du tout. Ensuite il lui colle des sparadraps sur les égratignures les plus importantes.

– Son œil va se remettre, mais il faudra un peu de temps, dit-il.

C'est mon tour. J'ai une plaie béante au-dessus de la tempe gauche. Elle commence d'ailleurs à me faire mal.

– Où est-ce que tu t'es cognée ? me demande-t-il. C'est impossible que ce soit l'autre.

Il nettoie ma plaie également avec de l'iode. Ça brûle encore plus que je ne l'avais imaginé. Mais je ne dis rien, je ne fais même pas de grimace.

– Sans doute contre le pied de la table, murmure Mlle Urban. Elles se sont roulées par terre comme deux ivrognes. Je ne sais vraiment pas quoi faire maintenant avec ces deux-là.

– Ah, ce sont des choses qui arrivent, dit-il. Et puis ce n'est pas très grave, ne vous tracassez pas. Cette jeune demoiselle sera bien plus présentable dans une heure quand la réaction allergique commencera à s'atténuer. Cependant je l'emmène avec moi à l'hôpital, il faut la recoudre.

J'ai encore du mal à retrouver mon souffle et ma tête est si vide que je ne suis même pas effrayée.

Au moment de remettre ses affaires dans sa sacoche noire, le docteur ajoute :

– Fallait-il vraiment que vous vous battiez ainsi ? Allez, les enfants, réconciliez-vous.

Typiquement adulte. Je fixe le sol devant moi.

– Allez-y, serrez-vous la main.

Je regarde mes mains. C'est maintenant que je me rends compte qu'elles sont meurtries aux jointures. Et l'ongle du majeur de la main droite est à moitié arraché.

Je ne serrerai pas la main d'Élisabeth. Jamais. Je cache mes mains derrière mon dos. Élisabeth ne bouge pas non plus.

– Laissez, dit Mlle Urban au Dr Zuleger, cela ne peut pas se faire si vite.

Puis elle s'adresse à nous :

– Que cela ne se reproduise plus jamais ! Sinon vous allez voir ce que vous allez voir ! Et je vais bien réfléchir à votre punition.

Élisabeth regarde ailleurs sans rien dire, quand je quitte l'infirmerie avec le Dr Zuleger.

CHAPITRE XII

Il vaut mieux avoir un ami pauvre qu'un ennemi riche

Je suis assise dans la salle des soins. Il y règne une odeur de produits désinfectants et de médicaments. Je connais les hôpitaux, celui-ci aussi. J'avais la scarlatine l'année dernière.

Une sœur coupe un peu mes cheveux à côté de la plaie. Puis elle prépare une seringue. Je ne lui montre pas que j'ai peur. Je ne lui montre pas non plus que l'aiguille qui entre dans la peau de mon crâne fait terriblement mal, je serre seulement les dents.

– Très courageuse, me complimente le Dr Zuleger. Il faut que je te fasse quatre points de suture, tu les sentiras malgré la piqûre.

Je les sens. Et comment! Mais je ne pleure pas. Après avoir mis un sparadrap il me libère.

– Je vais te raccompagner, dit le Dr Zuleger. Et tu viendras me voir demain après-midi à quatre heures pour me montrer la plaie.

J'acquiesce. La sœur me glisse un bonbon dans la main.

– Tiens, pauvre petite, dit-elle en caressant furtivement ma tête.

– Cela n'était pas nécessaire, note le Dr Zuleger en mettant son bras autour de mon épaule. Vous auriez dû voir l'autre.

Nous partons. Dans la voiture il me demande :

– Qui a commencé ? Toi ou elle ?

– À frapper, c'est moi. Mais elle a dit quelque chose de très méchant avant.

– Ah, d'accord, fait-il à voix basse, en me caressant rapidement le bras. Comment va ton ventre, au fait ? Cela fait longtemps que tu n'as plus rien eu.

– C'est vrai, dis-je. Ça fait longtemps, en effet, que je n'ai pas été malade, je l'ai remarqué aussi.

– Réjouis-toi. (Il rit.) Peut-être que cela t'a fait du bien de te défendre, pour une fois.

Ensuite il se tait.

Moi non plus, je n'ai pas envie de parler. En plus la suture me fait mal quand j'ouvre la bouche.

Devant le foyer, au moment de descendre, il me met en garde :

– Mais ne prends pas l'habitude de te bagarrer, tu entends ?

Je hoche la tête, puis nous nous dirigeons vers le bâtiment.

Nous y sommes. Je m'arrête en bas de l'escalier. Je ne veux pas monter. Je ne peux pas. J'aimerais pouvoir me laisser tomber pour ne pas avoir à monter l'escalier. Impossible, je ne veux voir personne. Encore moins Mlle Urban ou Élisabeth. J'ai la tête qui bourdonne. Peut-être que je vais plus mal que ne le pense le Dr Zuleger.

Il me scrute en me tendant son bras.

– Viens, je vais t'aider.

Si vraiment il avait voulu m'aider, il m'aurait gardée à l'hôpital. Je me suis plu là-bas quand j'avais la scarlatine. Susanne y était au même moment. C'est à cause d'une externe que nous avions attrapé ça.

En haut des marches, il y a Mlle Urban qui nous attend déjà. Elle a sans doute vu arriver la voiture depuis sa chambre. Elle a mis un chemisier propre, blanc, et elle a toujours l'air aussi furieuse.

Le Dr Zuleger me lâche.

– L'affaire est réglée, explique-t-il. Halinka s'est très bien comportée. J'aimerais que tous mes patients soient aussi courageux qu'elle.

Son intention est bonne, mais cela ne sert à rien. Mlle Urban m'attrape par le bras.

– Cette nuit tu restes à l'infirmerie, dit-elle. J'y ai déjà porté ta chemise de nuit et tes affaires de toilette, tu n'as même pas besoin de retourner dans la chambre.

– Oui, dit le Dr Zuleger, cela lui fera du bien de s'allonger un peu. Mais il n'était pas indispensable qu'elle aille à l'infirmerie, la chose n'est pas si grave.

Mlle Urban lui répond qu'elle préfère pour le moment séparer les deux chiffonnières. Nous la suivons à l'infirmerie.

– Couche-toi tout de suite, j'informe le service pour qu'on t'apporte quelque chose à manger. Je reviendrai te voir un peu plus tard.

Elle ouvre ensuite la porte de son appartement.

– Je vous en prie, docteur, entrez donc un moment. J'aimerais vous montrer la nouvelle liste de médicaments.

C'est tout ce que j'entends avant que la porte ne se referme.

L'infirmerie se trouve juste à côté de

l'appartement de Mlle Urban. Bien sûr, ce n'est pas très agréable, parce qu'elle est au courant de tout, elle sait par exemple combien de temps on met quand on dit qu'on va aux toilettes. Mais en cas de vraie maladie, cela a de grands avantages, car elle laisse alors les deux portes ouvertes la nuit : celle de l'infirmerie et celle de son appartement, et on peut l'appeler si besoin est. Quand j'avais la grippe, elle s'est levée en pleine nuit pour m'apporter une infusion. De façon générale elle est très gentille lorsqu'on est malade. Vraiment malade, je veux dire.

Je vois tout de suite que c'est le lit près de la fenêtre qu'on m'a préparé, car sur la couverture il y a ma chemise de nuit et, sur l'oreiller, *Huckleberry Finn*. Ma serviette est accrochée à côté du lavabo. Le lit près de la fenêtre est le plus beau, j'aurais fait le même choix.

Je me déshabille et enfile ma chemise de nuit. Elle est propre, c'est la bleue qui était dans l'armoire. Soudain je me sens terriblement fatiguée et j'ai mal partout. J'ai envie de dormir, seulement dormir. Devant mes yeux passent des nuages gris et rouges, j'ai la nausée. Le monde commence à tourner lentement, puis de plus en plus vite, le lit, le plafond, la lampe rectangulaire.

J'entends la porte s'ouvrir. Je lève la tête en m'accoudant. D'un coup le plafond a retrouvé sa place, en haut, et la lampe se remet dans sa position habituelle.

Renate entre. Elle traverse la chambre en direction de mon lit. Elle a glissé une main sous son gilet de laine comme si elle y cachait quelque chose.

– Merci, dit-elle.

Elle a l'air un peu raide. J'arrive à bien la voir, je n'ai plus mal au cœur. Et cet étrange sentiment de ce matin, quand je me suis réveillée, a disparu. Peut-être que j'ai quand même trait la vache et tondu le bouc ?

J'essaie de rire, mais bien que la tempe se trouve loin de la bouche, j'ai mal. Je lui demande :

– Comment elle t'appelle, ta mère ? Est-ce qu'elle t'appelle Renate ?

Elle rougit.

– Non, Rena.

Nous nous regardons. Alors soudain elle sort sa main de sous son gilet et glisse quelque chose sous ma couverture.

– Je reviendrai te voir après le repas si Mlle Urban le permet, dit-elle d'un air gêné avant de se retourner très vite. (Arrivée près de la porte, elle s'arrête.) Dorothea et moi, on a nettoyé les taches d'encre. On ne voit presque plus rien.

Là-dessus elle s'en va.

Je soulève la couverture. C'est une poupée assez petite, de dix centimètres environ. Elle porte une robe rouge et ses cheveux en celluloïd sont noirs. Mais même dans la pénombre, sous la couverture, je vois qu'ils ont seulement été peints à la gouache. Je me recouche et tire la couverture sur ma tête.

Je ne me suis encore jamais battue. J'ai toujours pensé que j'en étais incapable, parce que je ne suis pas particulièrement grande et forte. Élisabeth est plus âgée et plus grande, mais elle n'a pas eu le dessus. Moi non plus, d'ailleurs, mais c'était prévisible. Ne te fais pas de soucis, tante Lou, je n'ai pas l'intention de me battre avec tous ceux que je ne peux pas souffrir, vraiment pas. Mais je suis quand même contente de savoir que, le cas échéant, je peux le faire. On peut retourner aussi les dictons, tante Lou. Que penses-tu de celui-ci : « Quand on peut mordre, on a bien le droit de montrer une fois les dents ? » En tout cas je ne me laisserai plus faire comme avant par Élisabeth, c'est fini.

Je prends la petite poupée et me mets à la caresser. Elle porte même une culotte en laine. Comment arrive-t-on à tricoter une si petite culotte ?

Je me rappelle alors la phrase que je voulais

noter ce soir dans mon livre de pensées : « Il ne faut jamais sous-estimer les autres, et encore moins soi-même. »

Mais tout de suite après je me souviens d'autre chose encore : que je ne peux pas aller dans ma cachette, pas depuis l'infirmerie qui est juste à côté de l'appartement de Mlle Urban. Dommage, mais il n'y a rien à faire.

Je suis fatiguée, terriblement fatiguée.

Ce sont les premiers coups qui font le plus mal, tante Lou, parce qu'on est tellement effrayé. Après c'est moins impressionnant, presque comme si on s'habituait à la douleur. On peut penser tout simplement à autre chose. Ce qui est impressionnant, c'est le début. En principe j'aurais dû le savoir, je l'avais tout simplement oublié. Maintenant je me le rappelle. Mais quand tout est fini, tante Lou, on est tellement fatigué, tellement...

– Eh, réveille-toi ! Tu ne vas pas ronfler toute la soirée !

Je sursaute. Inge. Elle est devant moi, tenant le plateau avec mon repas. Je me redresse et elle pose le plateau sur le lit. Il y a une salade de pommes de terre et des œufs brouillés.

– Duro t'a mis beaucoup d'œufs, constate Inge. Est-ce que ta tête te fait toujours mal ?

– Ce n'est pas si terrible, dis-je.

Tandis qu'elle pose sur la table de nuit la tasse avec l'infusion, je cache ma petite poupée sous la couverture sans qu'elle le voie.

– Dommage qu'ils t'aient mis un sparadrap, poursuit Inge d'un ton déçu. J'aurais bien voulu voir les points de suture. Il t'a recousue, n'est-ce pas ?

Je hoche la tête.

– Quatre points.

– Ça a fait très mal ?

– Ça va.

Je repousse le plateau jusqu'au pied du lit et me lève. Moi aussi j'aimerais bien voir les points de suture. Au-dessus du lavabo près de la porte il y a un miroir. Il est vieux et fêlé en haut à gauche. Sous le miroir, sur la tablette, se trouvent ma brosse à dents et de la pâte dentifrice. Je m'approche du miroir, décolle doucement une partie du sparadrap et le soulève. Un long trait rouge avec des traces de sang coagulé et quatre fils noués. Autour de la plaie la peau est marron-rouge à cause du produit désinfectant.

Inge est à côté de moi.

– Superbe ! fait-elle d'un ton admiratif. Tu as l'air d'une aventurière. Tu garderas sûrement une cicatrice.

Je hoche la tête.

– Près de la tempe ce n'est pas si grave,

dis-je. Si je me laisse pousser les cheveux, on ne verra presque plus la cicatrice.

Il me semble qu'Inge pense : « C'est idiot, quand on a une si belle cicatrice. » Elle va vers la porte.

– Il faut que je redescende, sinon Mlle Urban va rouspéter, déclare-t-elle. À plus tard.

Je remets le sparadrap en place et me recouche. En prenant ma fourchette je découvre un bonbon sous le rebord de l'assiette. Encore un bonbon au caramel d'Inge. Je le pose sur la table de nuit, pour plus tard. C'est vrai que Duro m'a mis une bonne portion d'œufs brouillés. Malheureusement je n'ai pas vraiment faim. Il faut presque que je me force pour finir l'assiette.

Je pose le plateau avec l'assiette et la fourchette, ainsi que la tasse d'infusion, sur la table de nuit. Je déballe ensuite le bonbon, le fourre dans ma bouche, prends ma poupée sur les genoux et ouvre *Huckleberry Finn*.

Je suis juste à l'endroit où Huckleberry Finn met le serpent à sonnette mort dans le lit du bon nègre Jim quand la porte s'ouvre. Mlle Urban entre avec, derrière elle, Rena.

– Les points de suture te font toujours mal ? demande Mlle Urban. Est-ce que tu veux un cachet contre la douleur ?

Je secoue la tête.

– Non, ce n'est pas la peine.

– Bon, dit-elle. Je vais à côté. Si tu as besoin de quelque chose tu peux frapper à ma porte. (Elle pousse Rena devant elle.) Renate peut encore rester un peu avec toi. Bien que tu n'aies nullement mérité un régime de faveur, Halinka, tu le sais très bien. Mais pas plus d'une demi-heure, compris ?

Nous hochons toutes les deux la tête, elle dit « bonne nuit » et s'en va.

Rena va chercher une chaise pour s'asseoir près du lit. Dans le grenier ce serait mieux qu'ici, même s'il fait très clair. Mais peut-être justement à cause de cela. Je tiens la petite poupée et la caresse tandis que Rena parle de sa mère. Elle est réellement en prison.

Tout en parlant elle joue avec un étroit ruban bleu clair qu'elle a sorti de la poche de sa robe. Je crois qu'elle a honte et qu'elle ne veut pas me regarder.

– Ce n'est pas la première fois, dit-elle. Elle est déjà allée en prison quand j'avais sept ans. À ce moment on m'a mise dans un foyer horrible, je pleurais presque tout le temps. Cette fois-ci c'est encore pire, elle a été condamnée à deux ans et trois mois.

– Qu'est-ce qu'elle a fait ?

Rena hausse les épaules.

– Je ne sais pas exactement. La police est venue la chercher, et la femme de l'Assistance m'a seulement dit combien de temps elle serait partie. Je suppose qu'elle a volé quelque chose.

– Et quoi donc ? De l'argent ?

Rena hausse les épaules.

– Aucune idée.

– Et pour un vol elle a été condamnée à plus de deux ans de prison ?

Je ne montre pas que je suis effrayée.

– Elle avait déjà été condamnée, explique Rena. La peine est forcément plus lourde la seconde fois.

Nous nous taisons pendant un long moment. Je ne sais pas quoi dire. Il y a des cas où il n'est pas possible de consoler l'autre. Deux ans et trois mois, c'est long. Une éternité. Il n'empêche que je devrais dire quelque chose maintenant, même n'importe quoi.

À ce moment-là Inge entre pour reprendre le plateau avec la vaisselle sale.

– Est-ce que tu veux que je t'apporte le petit déjeuner demain ou est-ce que tu seras rétablie ? demande-t-elle.

Je hausse les épaules.

– Aucune idée. Je ne suis pas malade, en fait.

Elle va vers la porte.

– Peut-être que tu auras la chance de ne pas aller à l'école demain. Dors bien.

Nous sommes de nouveau seules.

– Et toi ? interroge soudain Rena.

Je me fige.

– Qu'est-ce que tu veux dire ?

Elle ne me regarde pas et continue à faire glisser le ruban bleu clair entre le pouce et l'index comme si elle cherchait à le lisser. Alors qu'il est lisse. Et brillant.

– Pourquoi tu es au foyer ?

– Ma mère m'a abandonnée.

Rena se tait et roule le ruban autour de son doigt. Je respire, mais aussitôt après elle demande :

– Qu'est-ce que cela veut dire, abandonner ? Est-ce qu'elle ne t'a plus donné à manger et tout ça, ou est-ce qu'elle t'a battue aussi ?

– Les deux. Ma mère n'est pas particulièrement gentille.

Rena me fixe d'un air effrayé.

– Pourquoi tu dis ça ?

– Parce que c'est vrai.

– Tu veux dire qu'elle n'est jamais gentille avec toi ?

Je secoue la tête.

– Non.

– Et avant, demande Rena, quand tu étais encore petite ? Comment était-elle avant ?

– Je ne me rappelle plus comment c'était avant, dis-je. Et entre-temps j'étais chez Mme Kowalski. J'ignore aussi comment elle était, j'ai tout oublié. Je ne sais plus vraiment le polonais. Tante Lou trouve ça superbe que je parle si bien l'allemand, mais dommage que je ne connaisse plus le polonais. J'oublie tout, j'oublie très facilement, il n'y a rien à faire.

– Et ta mère n'est vraiment pas gentille avec toi ? répète Rena d'un ton incrédule.

Pourquoi n'arrête-t-elle pas de me questionner ?

– Non, dis-je, furieuse. Vraiment pas. Elle n'est gentille avec personne. Je crois qu'elle n'aime personne, pas même ma tante Lou, alors que c'est sa propre sœur. Même avec elle, elle est méchante. Mais je ne veux plus en parler.

– Peut-être qu'elle ne s'aime pas elle-même, commente Rena. (Elle lève le ruban en l'air.) Approche, je veux te nouer un ruban dans les cheveux.

– Le bleu ne va qu'aux filles blondes, dis-je. Le rouge va mieux aux brunes.

Et soudain ça me cogne dans les tempes, la gorge, derrière les yeux.

Rena s'assied sur mon lit et prend ma tête

sur ses genoux. Elle me caresse les cheveux et le visage. Je pleure, je pleure.

Plus tard, quand elle est partie, je pense à quelque chose que je dois absolument inscrire dans mon livre de pensées, dès que je pourrai retourner dans le grenier : « C'est très différent de pleurer quand on n'est pas seul. Quand on pleure seul, c'est terrible. »

J'ai une amie. Elle n'est pas très énergique, mais cela ne fait rien, c'est à moi, tout simplement, d'être la plus forte. Je sais maintenant que je peux l'être. « Il vaut mieux avoir un ami pauvre qu'un ennemi riche », dirait tante Lou.

Je m'installe mieux. J'éprouve une douleur lancinante aux tempes et mes yeux sont gonflés. Heureusement que personne ne me voit.

Ma petite poupée porte à présent une écharpe bleu clair sur sa robe rouge et mes larmes ont fait des taches claires sur ses cheveux de celluloïd.

CHAPITRE XIII

Le chien battu ne lèche pas la main qui tient le bâton

J'ai eu le droit de rester tranquillement au lit ce matin.

– Tu as l'air encore très fatiguée, a dit Mlle Urban quand elle est venue me réveiller avant le petit déjeuner. Ce serait peut-être mieux que tu n'ailles pas à l'école aujourd'hui. Dors donc encore un peu. À midi, en revanche, tu te lèveras, d'accord ?

Inge m'a apporté le petit déjeuner. Quelle chance que ce soit elle qui assure le service à l'infirmerie ! Rena aussi est passée juste avant l'école. Elle m'a donné une lettre de Püppi. Susanne l'a apportée hier soir.

Dans sa lettre, Püppi parle du foyer, de sa

chambre, de sa nouvelle amie et de Mme Maurer. Tout est normal. Elle a signé : « Ta Sigrid te salue affectueusement. » Püppi est donc devenue Sigrid. Je n'ai plus à me faire du souci pour elle. Quand Susanne ira la prochaine fois voir sa sœur, je lui donnerai une vraie lettre pour Püppi-Sigrid.

Ensuite j'ai passé une matinée très agréable à l'infirmerie, avec Huckleberry Finn et Jim. Nous avons descendu tranquillement le Mississippi sur notre radeau et nous avons parlé. Huckleberry a raconté que, pour son père, ce n'est pas mal d'emprunter des choses ; que ce qui compte, c'est l'intention de les rendre plus tard. Miss Watson, en revanche, a expliqué que cette façon d'emprunter n'était qu'un autre mot pour dire voler. J'étais d'accord avec elle, mais Jim a estimé que les deux avaient sans doute un peu raison, le père de Huckleberry Finn et Miss Watson.

C'était vraiment un très beau voyage en radeau. La nuit, il y avait les étoiles dans le ciel et sur le rivage les lumières de Saint Louis. C'était comme une grande fête. Mais le lendemain notre radeau a été heurté par un énorme vapeur et nous sommes tombés à l'eau. Je n'avais pas envie d'aller avec Huckleberry Finn dans la maison des Grangerfords, car je savais déjà ce qu'il s'y passerait. Quand j'ai refait surface, j'ai suivi Jim à la nage. Dans les roseaux nous avons trouvé une belle place pour nous sécher au soleil et pour parler de l'esclavage et d'autres choses encore. Ensuite je lui ai parlé de *La Case de l'oncle Tom* et nous avons pleuré un peu.

Mais maintenant il faut que je me lève, on vient de sonner pour le déjeuner. À une heure je dois aller voir Mlle Urban, comme elle me l'a demandé. Je m'habille en vitesse. En passant devant notre chambre j'ouvre la porte et je jette un coup d'œil à l'intérieur. Elle est vide, toutes les filles sont déjà descendues. Il n'y a que la stupide poupée d'Élisabeth qui est assise sur son lit. Elle a une nouvelle robe de toutes les couleurs qui scintille. Je la regarde d'un air indifférent. J'ai une poupée à moi, avec des cheveux noirs, même si la couleur est un peu partie. Dans le couloir et dans l'escalier je ne croise personne. Je suis en retard et j'entre donc dans la cantine la dernière.

Tout le monde lève la tête pour me regarder quand je vais vers ma table. Rena me sourit et Inge prend aussitôt une assiette remplie de soupe sur le plateau pour la poser à ma place.

– Je m'apprêtais à t'apporter ton repas, dit-elle. Ça m'évite d'avoir à faire l'équilibriste pour monter la soupe aux lentilles.

Duro lève la tête de son assiette et se touche la tempe gauche.

– Est-ce que ça fait très mal ? me demande-t-elle.

Je secoue la tête.

– Non. Ce n'est vraiment pas grave.

Je jette un regard prudent en direction de la table d'Élisabeth. Elle n'a plus que deux sparadraps, sur la joue gauche et sur le front, mais même à cette distance on voit très bien son œil au beurre noir.

– Quatre points de suture ! fait Inge fièrement, comme si c'était elle qu'on avait recousue.

– Et le docteur a dit qu'elle n'avait pas pipé pendant qu'il la recousait, ajoute Rena.

D'où tient-elle cela ? Avant même que je puisse poser la question, elle poursuit :

– Mlle Urban nous a tout raconté.

Apparemment notre bagarre a fait le tour du foyer. De plus en plus de têtes me regardent. Je ne sais pas très bien ce que signifient ces regards. J'ai presque le sentiment d'être l'héroïne du jour. Mais je n'en suis pas complètement sûre. Heureusement que Rena est assise à côté de moi. Quelle chance que nous nous trouvions à la même table !

– En tout cas c'est très bien que tu lui aies fait voir ce dont tu étais capable, dit Duro en pêchant un petit morceau de lard dans la soupe. Elle va te laisser en paix maintenant. Qu'est-ce qu'il y a eu, en fait ? Pourquoi vous vous êtes battues ?

Manifestement, personne n'a parlé de cela, tout le monde s'est tu. Je louche en direction de Rena. Elle s'assied plus droit, s'éclaircit la voix comme si elle voulait parler, mais dans un premier temps il n'y a rien qui sort. Elle tousse, et puis finalement elle le dit :

– Ma mère est en prison. C'est pour ça que je suis ici. Élisabeth m'a provoquée et Halinka est venue à mon secours. Voilà pourquoi elles se sont battues.

Je baisse la tête au-dessus de mon assiette ; je n'ose pas regarder autour de moi. Pourquoi elle l'a dit ? Elle n'aurait pas dû. Maintenant tout le monde à table sait que sa mère est en prison, et au plus tard demain matin le foyer entier le saura. Les mots malins ont des ailes, et une fois prononcés ils ne se laissent plus rattraper, même si on le veut.

Inge lâche un sifflement admiratif. Pourquoi ? Est-ce donc si fantastique que votre mère soit en prison ?

– Génial, dit Inge. Je trouve ça génial que tu l'aies dit. Maintenant tu n'as plus à avoir peur que les autres l'apprennent.

Rena se tait, elle rougit seulement un peu et baisse la tête. Je reste silencieuse moi aussi.

Quelle étrange idée ! Être la honte des autres pour ne plus avoir peur d'avoir honte ? Il va falloir que je réfléchisse à Inge. Mais plus tard, car, pour l'instant, je ne pense qu'à Mlle Urban. La dernière fois que je suis allée chez elle, ce n'était pas très agréable. Tout au contraire.

– Comment c'est quand on est convoqué par Mlle Urban ? demande Rena quand nous remontons vers nos chambres. Qu'est-ce qu'elle fait ?

Je hausse les épaules avec plus d'indifférence que je n'en ressens réellement.

– D'abord un sermon et puis l'annonce de la peine. Rien d'exceptionnel, ne te fais pas de souci. Elle ne frappe jamais.

La dernière fois, c'était pour l'affaire des cinquante pfennigs. Mlle Urban était furieuse. Pas de sorties pendant quatre dimanches de suite, et deux semaines de corvée de cuisine. Élisabeth, bien sûr, n'a rien eu, elle était la pauvre victime que j'avais volée. Mlle Urban n'a même pas eu l'idée de lui demander pourquoi elle avait fait cette encoche au bord de la pièce.

Je vais vite dans la salle d'eau, me mouille le visage et passe mes mains humides dans mes cheveux. Rena est avec moi et m'observe.

– Je croise les doigts pour toi, fait-elle.

Elle est à mes côtés, mais cela ne m'aidera sans doute pas. Je vais chercher ma petite poupée dans mon armoire et la glisse dans la poche de ma robe. C'est bien que cette poche soit grande et la poupée petite. Puis il est une heure moins deux et je dois y aller.

Lorsque je frappe à la porte de Mlle Urban elle dit tout de suite :

– Entre.

Elle est assise dans son salon, sur le canapé, et m'indique d'un geste de la main le fauteuil à sa gauche, placé près de la porte fermée qui mène à sa chambre. Personne encore ne l'a vue, la porte est toujours fermée.

Dans le fauteuil de droite il y a Élisabeth. L'égratignure près de son nez qui n'est pas recouvert d'un sparadrap se voit très bien et son œil est pourpre, carmin et violet. Des couleurs d'orchidées. Dans le grand fauteuil elle semble plus petite que d'habitude, comme tassée.

– Bien, dit Mlle Urban dès que je suis assise. Voulez-vous me dire pourquoi vous vous êtes battues ?

Je secoue la tête, Élisabeth aussi.

– J'en étais sûre. Bon, j'imagine que vous aviez vos raisons, mais qu'importe. Je pars du principe que dans cette affaire désagréable vos torts sont partagés. Existe-t-il pour vous une possibilité de réconciliation ?

Je secoue de nouveau la tête. Quelle idée de

se réconcilier avec Élisabeth ! Le chien battu ne lèche pas la main qui tient le bâton. À l'occasion j'inscrirai cette phrase dans mon livre de pensées. Et peut-être encore : « Les coups ne créent pas l'amitié. » Je le crois.

J'ai presque envie de rire. C'est pourquoi je fais un effort pour bien fixer la radio posée sur une petite table à côté du canapé. Un gros appareil marron. Sur le devant, au-dessus des longs traits avec les noms des villes et les deux boutons de chaque côté, il y a un trou parfaitement rond derrière lequel est tendu un tissu marron clair aux nœuds plus foncés. Tante Lou a presque le même.

Mlle Urban parle sans arrêt. Quand autant de personnes vivent dans un foyer comme celui-ci, il faut trouver un moyen pour s'entendre. Dans la vie nous ne pourrons pas nous mettre à frapper l'autre dès qu'on sera en désaccord. Et ainsi de suite.

Samedi, tante Lou sera effrayée de me voir avec un sparadrap et elle demandera des explications. Qu'est-ce que je vais lui raconter ? Il vaut peut-être mieux y aller une semaine plus tard, quand je serai sûre de ne plus avoir de pansement. Mais cela ne m'avancera pas, car, d'après le Dr Zuleger, je vais garder une cicatrice. « Près de la tempe ce n'est pas si grave. Si tu laisses pousser un peu tes cheveux, on ne la verra presque pas. » Mais les cheveux ne poussent pas aussi vite, et encore moins la frange que la sœur a coupée avant qu'on ne me fasse les points de suture. Tante Lou me questionnera donc de toute façon. Bien sûr, je pourrais dire que je suis tombée. C'est à voir.

– Vous devez rester ensemble jusqu'à la fin de l'année scolaire, déclare Mlle Urban. Quand je ferai la nouvelle affectation des chambres, je vous séparerai. Est-ce que vous pensez que vous êtes capables de ne pas vous fracasser le crâne en attendant ce moment ?

– Si elle garde ses griffes pour elle, murmure Élisabeth en se caressant doucement le visage depuis son œil au beurre noir jusqu'à son égratignure près du nez.

Mlle Urban rit, mais ce n'est pas un rire joyeux.

– Je t'en prie, arrête de jouer à la pauvre innocente, Élisabeth. Je vous connais. Alors ? Je veux une réponse claire.

– Si elle cesse de faire sans arrêt ses remarques, dis-je en posant discrètement ma main sur la poche de ma robe où se trouve la petite poupée.

– D'accord. (Mlle Urban hoche la tête.) Vous vous laissez donc mutuellement en paix. Il n'est pas indispensable que vous deveniez amies, mais je vous demande de vous ignorer. Me promettez-vous que ce qui s'est passé ne se reproduira plus ?

Élisabeth hoche la tête sans lever les yeux. Je hoche la tête également.

– Cela mis à part, poursuit Mlle Urban, vous serez punies de la façon suivante : toi, Élisabeth, tu seras de corvée de vaisselle à partir de demain pendant deux semaines. Et toi, Halinka, de corvée de cuisine pendant deux semaines également. Je vais prévenir Mme Breitkopf et Mme Schmuck aujourd'hui. Vous acceptez cette punition ?

Nous répondons « oui » en chœur.

Mlle Urban demande toujours si nous sommes d'accord avec ses punitions. Comme si nous avions le choix. En tout cas, je n'ai encore jamais entendu dire que quelqu'un en avait refusé une. En fait, un jour, il faudrait essayer.

Puis elle nous congédie. Au moment où je m'apprête à ouvrir la porte de l'infirmerie Mlle Urban me crie :

– Tu retournes tout de suite dans ta chambre, Halinka. Fini la maladie.

J'enlève la couverture du lit et ramasse mes quelques affaires : *Huckleberry Finn*, brosse à dents, dentifrice, chemise de nuit et serviette. Je vais ensuite dans notre chambre. J'ouvre la porte avec le coude.

Élisabeth n'est pas là, je le vois tout de suite. Dorothea est allongée sur son lit.

– Et alors ? demande-t-elle, curieuse. Qu'est-ce que vous avez eu comme punition ?

Je ne réponds pas, me contentant de hausser les épaules.

Rena est assise à la table pour faire ses devoirs. À mon arrivée elle se lève et me prend par la main.

– Viens, fait-elle.

Nous nous asseyons sur les marches de l'escalier qui descend à la cantine et je lui raconte ce qui s'est passé chez Mlle Urban. Quand je lui parle des punitions, elle se met à rire.

– Qu'est-ce qu'il y a de si drôle ? lui dis-je d'un ton agacé. Deux semaines de corvée de cuisine. Me retrouver pendant deux semaines, du lundi au vendredi, pendant deux heures dans la cuisine pour éplucher des pommes de terre. Je ne vois pas ce qu'il y a de drôle.

Elle met un bras autour de mon cou et me donne un baiser. Dans l'escalier, où tout le monde peut nous voir. Une drôle de fille, elle vous embrasse quand elle en a envie. Il va falloir que je m'habitue. Je ne peux pas lui dire que cela me gêne, car ce serait plus gênant encore.

– C'est mieux que d'être de corvée de vaisselle, dit Rena. C'est la bonne punition pour toi. Mlle Urban choisit toujours bien. Je me suis déjà fait la remarque quand elle a demandé à Susanne d'être de corvée au portail pendant deux semaines, tu te rappelles ?

Naturellement, c'est tout récent. Susanne a disparu du foyer un après-midi, comme ça. Aucune idée de la manière dont elle a réussi et de ce qu'elle a raconté à M. Breitkopf. Quoi qu'il en soit, personne ne s'en est aperçu. On l'a découvert parce qu'elle a voulu piquer des tulipes et qu'elle s'est fait pincer. Ce n'est pas si grave de voler des fleurs, mais sortir sans autorisation, ça, c'est grave. Pendant deux semaines Susanne a dû rester dans la salle d'accueil, de deux heures à sept heures.

Celle qui est de corvée au portail doit répondre au téléphone, tenir la liste des filles qui sortent et qui rentrent. Et les jours où il n'y a pas de sortie pour tout le monde, il faut bien contrôler les autorisations données par Mlle Urban. C'est un travail idiot. Moins fatigant que la corvée de vaisselle ou de cuisine, mais cinq heures, c'est long.

– C'est bien de la part de Mlle Urban de mettre Susanne au portail pour la punir, dit Rena. Et de t'avoir collée à la cuisine, c'est bien aussi. Quand on y est de corvée, on a toujours quelque chose à manger en plus, et toi tu es vraiment un peu maigre. Maintenant tu vas être gavée tous les jours pendant deux semaines.

C'est exact. Le seul avantage de la corvée de cuisine, c'est d'avoir du rab. Mme Schmuck est si grosse qu'elle considère toutes les filles du foyer comme sous-alimentées. Mais cela signifie aussi éplucher des pommes de terre pour tout le monde. Je n'aime pas ce travail.

Soudain je pense à quelque chose. Je remonte les quelques marches et regarde l'horloge. Trois heures et demie.

– Qu'est-ce qu'il y a ? demande Rena.

– Il faut que je sois à quatre heures chez le Dr Zuleger.

– Je vais avec toi, propose-t-elle.

Mlle Urban est même d'accord.

– Comme ça, au moins, Halinka ne fera pas de bêtises, dit-elle en signant les deux autorisations de sortie. Halinka, tu mets un autre chemisier. Celui-ci a encore des taches de sang d'hier.

C'est vrai. Je mets mon vieux chemisier bleu, celui du foyer, par-dessus je mets mon blouson vert. Une sortie de plus ! Et avec une amie. Quand nous sommes assez loin du foyer et que plus personne ne peut nous voir, nous nous donnons la main.

CHAPITRE XIV

De quoi rêve la poule ? De graines, uniquement de graines

Toutes les filles sont là, les quinze qui ont participé à la collecte pour la Maison de repos. La seizième est Susanne qui est venue avec son amie Claudia et la nouvelle de cinquième.

– Mme Lehmann sera là à 13 h 45, a annoncé Mlle Urban au moment du dîner. Je vous prie d'être ponctuelles.

Nous le sommes, évidemment. Tout le monde parle et Susanne, assise à côté de moi, fait des paris sur celle qui va avoir le prix. La nouvelle pense que ce sera Claudia et Susanne mise sur moi. L'enjeu : une corvée de vaisselle. Si elle savait ! Soudain j'ai de nouveau peur qu'on n'ait découvert quelque chose au sujet de la boîte.

Qu'est-ce que je dirais ? Ici, devant toutes les autres ! Il vaudrait peut-être mieux que je m'en aille et que je me cache.

Je suis encore en train de réfléchir quand Mlle Urban entre. À côté d'elle il y a la présidente locale. Quelques filles se mettent à rigoler. C'est la mauve-grise Mondieumondieu, la grande amie de Mlle Urban. Seulement nous ne savions pas qu'elle s'appelait Lehmann et qu'elle était la présidente de la Maison de repos. Susanne me donne un léger coup de pied sous la table. Je me retourne. Elle me fait un clin d'œil, je le lui rends.

La mauve-grise Mondieumondieu porte une serviette noire qu'elle pose devant elle sur la table de coupe.

– Mes chères enfants, fredonne-t-elle, je voudrais vous remercier au nom de la Maison de repos pour les mères d'avoir toutes été si ardentes à la tâche.

– Le prix, intervient la nouvelle. Qui a eu le prix ?

– Mondieumondieu, j'ai failli l'oublier, chantonne la présidente locale.

Les rires se font plus forts. Mlle Urban prend une expression sévère et les filles se calment.

La mauve-grise sort de la poche de sa robe mauve une feuille repliée et l'ouvre.

– Voici : la reine de la collecte est, avec soixante et onze marks et soixante-sept pfennigs, votre amie Halinka. Halinka, lève-toi.

Des soupirs de déception se font entendre. Susanne applaudit très fort, quelques autres filles l'imitent.

Cela ne peut pas être vrai, je n'arrive pas à y croire. Pourtant les dix marks se trouvent soigneusement enroulés dans du papier journal derrière ma poutre. À moins que je ne l'aie seulement rêvé ? Non, on ne peut pas rêver quelque chose d'aussi compliqué. Et encore moins cette peur à cause de ce fil et de ce stupide plombage.

Susanne me donne de nouveau un coup de pied, plus fort cette fois-ci.

– Tu n'as pas entendu, siffle-t-elle, tu dois te lever.

Mais la présidente locale est déjà près de moi. Je me lève d'un bond.

– Je te félicite cordialement, dit-elle avec un sourire en me serrant la main.

Celle-ci est très tendre et elle la secoue très doucement. Elle a mangé de l'ail, je le sens parfaitement. Soudain elle me paraît plus familière. Tante Lou aussi aime bien l'ail.

– Et c'est quoi, ce prix ? demande Claudia.

Deux tables plus loin Élisabeth se lève. On voit qu'elle est furieuse, elle ne fait d'ailleurs aucun effort pour passer inaperçue. Sans dire un mot, elle passe devant la présidente et quitte la salle de travaux manuels en claquant bruyamment la porte. Mme Lehmann la regarde d'un air consterné.

– Elle l'a mauvaise, cette idiote, chuchote Susanne assez fort pour que tout le monde l'entende.

La présidente ne cesse de fixer la porte et s'apprête à dire quelque chose, mais Mlle Urban s'est approchée d'elle et pose la main sur son bras. Mme Lehmann se tait.

– Le prix, annonce Mlle Urban d'une voix puissante, c'est une superbe excursion au parc du château de Schwetzingen, en voiture, avec glace et repas au restaurant.

Pas de bicyclette, je le savais bien. Si au moins ç'avait été un livre. Ou une boîte de vingt-quatre gouaches.

– Et ce mercredi, s'il fait assez beau, poursuit Mlle Urban en me regardant. Sinon, l'excursion sera repoussée d'une semaine. Ce n'est possible que le mercredi, car c'est le seul jour où M. Lehmann n'a pas besoin de la voiture.

Ce n'est pas que j'aie quelque chose contre les excursions ! Avec tante Lou, j'aime beaucoup faire des excursions. Nous prévoyons de quoi manger, prenons le tramway jusqu'au terminus et marchons dans la campagne. Nous montons en haut des montagnes et grimpons sur les ruines des châteaux forts. Mais aller dans le parc du château de Schwetzingen avec la présidente locale ? Qu'est-ce que cela peut bien avoir d'extraordinaire ! Pourquoi n'y va-t-elle pas toute seule, si elle y tient absolument, et ne me donne-t-elle pas l'argent de la glace et du repas ? J'aurais préféré un livre, par exemple un *Huckleberry Finn* à moi. Et je pourrais encore trouver plein d'autres envies. En tout cas quelque chose qu'on peut toucher. Tante Lou dirait : « De quoi rêve la poule ? De graines, que de graines. » Mes graines, ce n'est pas le parc du château de Schwetzingen, c'est comme ça.

Entre-temps la présidente est retournée à la table de coupe, elle ouvre sa sacoche noire et en sort un grand sachet en papier d'emballage marron.

– Et pour toutes celles qui ont participé à la collecte il y a des bonbons, dit-elle. Venez, approchez-vous de la table.

– L'une après l'autre ! crie Mlle Urban, mais plus personne ne l'écoute.

Tout le monde se presse autour de la présidente qui disparaît sous le flot. Je suis la seule à rester à ma place.

Susanne me fait un sourire espiègle en revenant avec un bonbon dans la bouche. Mme Lehmann ne s'est pas du tout rendu compte que Susanne n'a pas participé à la collecte. Apparemment Mlle Urban non plus. Ou elle n'a rien voulu dire.

– Très bon, dit Susanne assez distinctement avant de faire glisser le bonbon vers sa joue droite, si bien qu'on dirait qu'elle a les oreillons.

– Tu me portes bonheur. Il faudra qu'Elke me remplace une fois à la corvée de vaisselle.

La nouvelle de cinquième s'appelle donc Elke.

La présidente locale s'approche ensuite de moi et me met cinq bonbons dans la main. Des acidulés au citron, enveloppés dans du papier jaune. Je les fourre dans la poche de ma robe.

Les autres filles parlent entre elles jusqu'au moment où Mlle Urban frappe dans ses mains.

– Bien, maintenant regagnez vos chambres et préparez-vous pour le coucher. Et que personne n'oublie de se laver. Je connais mon petit monde.

Je veux me lever également, mais elle me retient. Je me laisse retomber sur la chaise et Mlle Urban ainsi que la présidente prennent place à côté de moi.

L'air enjoué, Mlle Urban m'explique : nous partirons tout de suite après la quatrième heure de cours. Elle-même vient avec nous, M. Sauer s'est proposé de la remplacer.

– Je suis tellement excitée à l'idée de ce voyage, dit-elle.

Je la regarde. Pour la première fois je pense qu'elle non plus ne sort jamais du foyer. Elle est arrivée bien avant moi et elle sera encore là quand je serai – espérons-le – partie depuis longtemps. Elle n'en sort jamais, tout simplement jamais. Chaque année il y a des enfants qui partent, et chaque année il y en a d'autres qui arrivent, et elle est toujours là. Elle vieillit tout doucement et à la fin elle mourra là à côté, dans sa chambre, sans savoir...

– Est-ce que vous avez déjà vu des orchidées, mademoiselle Urban ? lui demandé-je.

Elle me regarde d'un air étonné. Puis elle secoue la tête.

– Non, jamais, sauf dans les livres. Pourquoi tu penses à cela ?

– Comme ça. Moi non plus je n'en ai encore jamais vu. Mais j'aimerais bien.

– Moi, j'en ai déjà vu, dit Mme Lehmann. De merveilleuses orchidées blanches avec des taches rouges et jaunes en bas du calice et de grands pétales irréguliers d'une forme curieuse. Splendide, vraiment très étrange.

– Je croyais que les orchidées étaient violettes, pourpres et carmin, dis-je, déçue. Et que veut dire étrange ?

– Fantastique, très particulier, dit Mlle Urban.

– Il existe aussi des orchidées violettes, ajoute la présidente locale. (On dirait qu'elle s'excuse en parlant.) Je le sais, insiste-t-elle, mais moi-même je n'en ai vu que des blanches.

Elle me scrute, soucieuse. Attentive, en quelque sorte, comme si elle cherchait à comprendre ce que je veux entendre.

Mlle Urban met son bras sur mon épaule.

– Qu'est-ce qu'il y a, Halinka ?

Je me dégage vite.

– Rien. Je les ai seulement imaginées autrement. (Je me tourne vers la présidente locale.) Ils étaient grands comment, les pétales des orchidées que vous avez vues ?

Avec ses mains elle en montre la taille, à peu près comme une tête de poupée. Je parle de celle d'Élisabeth, bien sûr, pas de la mienne.

– Et avaient-ils une couleur brillante, éclatante ou douce, presque mate ? demandé-je encore.

Mme Lehmann réfléchit.

– Je crois qu'ils étaient d'un coloris plutôt doux, dit-elle. Est-ce comme ça que tu les as imaginés ?

J'acquiesce. Rien à faire. Elle veut être gentille avec moi, je ne comprends pas pourquoi. En plus, c'est inutile, je dois attendre d'en voir moi-même. Je ne fais pas partie des gens qui croient tout ce qu'on leur raconte. Je ne crois que ce que tu dis toi, tante Lou. Mais dans ce cas, je ne te croirais pas non plus, car tu saurais d'avance comment je m'imagine les orchidées, et tu me les décrirais dans leur moindre détail parce que tu ne voudrais pas me décevoir. Je ne t'en veux pas pour cela. Mais il n'empêche. Une demi-vérité est un mensonge complet, tante Lou, tu le dis toi-même.

Je me sens un peu abattue et triste. J'aimerais être dans mon lit sous la couverture et caresser ma petite poupée. Je me lève.

– Je suis fatiguée, je vais aller dormir.

– Est-ce que tu as mal quelque part? demande Mlle Urban.

Je hoche la tête. Elle me propose un médicament contre les douleurs, mais je refuse. Quelque chose me fait mal, mais ce n'est pas la plaie près de la tempe, celle-là me tire seulement un peu. Une demi-vérité est un mensonge entier. Et en plus je ne veux pas qu'elles se rendent compte combien je suis déçue. Je ne veux pas leur gâcher leur plaisir. Mme Lehmann est gentille et Mlle Urban semble se réjouir à l'idée de cette excursion.

– À mercredi donc, dit la présidente locale en me tendant la main. J'espère que le temps sera de notre côté.

– Oui, moi aussi, fais-je en lui tendant également la main, mais je la retire très vite.

Plus tard, quand toutes les autres filles dorment enfin, nous allons, Rena et moi, dans le grenier.

– Et alors ? demande-t-elle quand nous nous retrouvons installées sur la couverture. Tu es contente de faire cette excursion ?

– J'aurais préféré un livre, dis-je. Enfin, on ne peut rien y faire. La mauve-grise Mondieu-mondieu est une femme étrange. Je crois que pour elle c'est un prix vraiment merveilleux. Mais qu'est-ce que j'en ai à faire de ce parc idiot du château de Schwetzingen ?

Rena me regarde attentivement.

– Je ne te comprends pas. Moi, je serais contente.

– Tu veux que je te donne mon prix ? Tu veux que je te l'offre ?

Elle secoue la tête.

– Non, il est à toi. Réjouis-toi donc, de toute façon c'est mieux que d'être au foyer, non ? Et en plus tu vas avoir une glace.

Elle a raison. Une excursion avec sortie au restaurant et glace n'est pas à négliger, même si c'est avec Mlle Urban et Mme Lehmann. Et mon vrai prix, le seul qui soit important à mes yeux, je l'ai déjà.

D'un coup, Rena a une apparence très étrange, la bougie projette une ombre tremblante sur son visage. Elle me regarde d'un air angoissé comme si elle attendait que je lui vienne en aide. Exactement comme Püppi m'avait regardée après la danse, quand Mme Maurer avait été si furieuse.

Je l'interroge.

– Qu'est-ce qu'il y a ? Il s'est passé quelque chose ?

Rena baisse la tête.

– C'est qu'il faut que je continue à te raconter mon histoire. Cette histoire qui me fait honte.

– Nous aurions mieux fait de ne jamais commencer.

– Il faut que je termine l'histoire, c'est comme ça. Une histoire en échange de l'autre, la honte en échange de la honte. Ce n'est qu'à ce moment-là que chacune sera certaine que l'autre ne peut rien lui faire.

S'il ne tenait qu'à moi, cela ne serait pas nécessaire, mais elle veut absolument.

– D'accord, dis-je, mais c'est la dernière histoire, après on arrête.

Elle hoche la tête. Et puis elle commence.

Elle était en train de jouer dehors, à cache-cache, avec son amie et les autres enfants du voisinage. Elle a vu la voiture de police qui s'est arrêtée devant la maison et elle a eu tout de suite peur. Car ce n'était pas la première fois. Comme paralysée, elle a regardé les deux policiers sortir de la voiture et se diriger vers la maison. Elle se tenait près de la voiture, vraiment tout à côté, sans plus pouvoir bouger. Quand les policiers sont ressortis de la maison, la mère de Rena marchait entre eux, les suivant jusqu'à la voiture. La mère a regardé Rena, mais Rena a détourné les yeux. Elle n'est pas allée vers elle pour lui dire au revoir, elle s'est retournée, puis elle est partie en courant. Une femme de l'Assistance est venue un peu plus tard pour la conduire au foyer, ici.

– J'ai eu honte, dit Rena. Je me suis sauvée pour que les policiers ne sachent pas que j'étais sa fille. Maintenant je le regrette tellement! J'aurais dû être avec elle. J'aurais dû lui dire que je l'aimais. Quand j'y pense, je ne peux m'empêcher de pleurer.

Je ne sais pas quoi dire. Je comprends et en même temps je ne comprends pas. Si des policiers étaient venus chercher ma mère, je n'aurais sans doute pas eu honte, mais j'aurais été contente. Peut-être que je dois penser à ce que je ressentirais si des policiers venaient chercher tante Lou. Mais cela ne peut pas se produire. En tout cas c'est ce que je crois. Mais on ne sait jamais.

Rena pleure. J'aimerais bien prendre sa tête sur mes genoux comme elle l'a fait pour moi, mais je n'y arrive pas. Je ne peux pas non plus donner un baiser à quelqu'un comme elle le fait elle. Rien que d'y penser je deviens toute raide. Je caresse ma petite poupée.

– Est-ce que tu as vu ta mère depuis ?

Elle secoue la tête.

– Non.

– Est-ce que tu lui as écrit ?

De nouveau elle secoue la tête.

– Je ne sais pas quoi lui écrire. J'ai tellement honte, tu sais.

– Si ta mère t'aime vraiment, dis-je en pensant à tante Lou, tu peux lui expliquer ça sans problème, elle te comprendra.

Rena essuie ses larmes.

– Tu le crois vraiment ?

– Oui, je le crois.

En réalité, je n'en suis pas si sûre, mais cela, je ne peux pas le dire à Rena. Elle a l'air consolée. Parfois ce n'est pas bien de dire la vérité.

Comme nous ne savons plus quoi ajouter je me lève, prends mon livre de pensées dans sa cachette et l'ouvre. Sous la dernière inscription il y a encore le petit bout de crayon.

Je tends le livre à Rena.

– Tiens. Est-ce que tu veux écrire quelque chose ?

Rena pose le livre sur ses genoux. Longtemps elle fixe le papier sans bouger.

– Je ne trouve rien, dit-elle finalement.

Je m'assois à côté d'elle et lui prends le livre. D'abord je n'ai pas d'idée non plus. Et puis je me mets à écrire avec application :

« Une demi-vérité est un mensonge entier. Mais peut-être est-ce faux. Peut-être qu'une demi-vérité est tout simplement une demi-vérité. »

Pour le coup Rena rit et la lumière de la bougie n'est plus inquiétante, son visage devient plus joli et presque gai. Elle me reprend le livre et écrit au-dessous :

« Et quand on a une amie, les demi-vérités ou les vérités entières n'ont plus d'importance. »

CHAPITRE XV

Si l'un tient la vache par les cornes, l'autre peut la traire

Mme Schmuck est assise à la grande table de la cuisine. Devant elle il y a une planche et un tas de pain sec. Avec un couteau elle coupe des tranches qu'elle met ensuite dans une bassine pour les faire tremper. Du pain coupé signifie que ce soir ou demain midi nous aurons du pain perdu. J'aime beaucoup le pain perdu, surtout quand Mme Schmuck y met un peu plus de sucre.

Lorsque nous entrons, elle lève la tête et nous lance un regard étonné.

– Pourquoi vous venez à deux? demande-t-elle. Mlle Urban ne m'a parlé que de Halinka.

– Elle nous a donné la permission, dit Rena rapidement. Elle a même dit que nous ne devons travailler qu'une heure, parce que nous sommes deux.

– Est-ce que c'est bien vrai? demande Mme Schmuck, méfiante.

– Juré. Vous pouvez lui demander.

Évidemment, Mme Schmuck ne monterait jamais pour cela au troisième étage, Rena le sait très bien. Mais Mlle Urban nous a vraiment donné la permission, j'étais étonnée moi-même. Rena lui a dit qu'après tout c'était la responsable de la bagarre, qu'il ne serait donc que justice qu'elle participe à la punition.

– Mais tu ne veux quand même pas aider Élisabeth à faire la vaisselle, non? a dit Mlle Urban en riant.

Mme Schmuck rouspète parce qu'on ne lui dit jamais rien, que tout le monde la traite comme une bonne, ne jugeant pas nécessaire de l'informer et que personne ne la prend au sérieux. Elle marmonne peu à peu dans sa barbe, si bien que nous ne comprenons plus ce qu'elle dit.

Pourquoi s'énerve-t-elle à ce point? Puisqu'elle a la même aide. Deux fois une heure au lieu d'une fois deux heures. Qu'est-ce que ça peut bien lui faire?

Nous attendons qu'elle se calme. Elle nous montre ensuite deux grands seaux contenant des pommes de terre lavées.

– Ce soir, il y a de la soupe aux pommes de terre, dit-elle. Allez, au travail ! (Elle regarde Rena.) Comment tu t'appelles, toi ? Tu n'es encore jamais venue à la cuisine.

– Renate, répond Rena. Ça ne fait pas longtemps que je suis au foyer.

Le pain perdu, c'est donc pour demain. Dommage. Rena prend aussitôt une bassine pour les épluchures et un petit couteau, s'assoit sur un tabouret devant l'un des seaux à pommes de terre et commence son travail. Moi, je vais d'abord chercher la grande casserole et la remplis d'eau, car à l'air les pommes de terre prennent vite un aspect peu appétissant. Celles-ci sont de l'automne dernier et ont beaucoup de taches noires et d'yeux difficiles à enlever. Les pommes de terre nouvelles n'arrivent qu'en septembre ou octobre. Les vieilles sont molles et ratatinées, avec de longs germes blancs qu'il faut couper. Il n'est pas facile de les éplucher. Alors que c'est presque un plaisir d'éplucher des pommes de terre nouvelles.

Je prends à mon tour un récipient et un couteau et m'assois en face de Rena.

Manifestement, Mme Schmuck s'est calmée.

– Pourquoi tu es de service à la cuisine, Halinka ? demande-t-elle, curieuse. Est-ce que ça a à voir avec ton bandage ? Qu'est-ce qui s'est passé ?

– Rien, dis-je vite. Je suis tombée, c'est tout.

Si seulement ces machins étaient moins mous. Je déteste éplucher les pommes de terre. Mme Schmuck aussi, je crois, car lorsque je suis de corvée de cuisine, je dois toujours éplucher des pommes de terre.

– Il y a souvent des filles de service à la cuisine ? demande Rena qui, apparemment, se pose les mêmes questions que moi en ce moment.

Mme Schmuck rit.

– Une presque tous les jours, parfois même deux ou trois. Vous n'êtes pas des filles particulièrement bien élevées, alors on vous envoie facilement ici.

Pas des filles particulièrement bien élevées ! Qu'est-ce qu'elle en sait ? Elle ne vient jamais au foyer.

– Cela doit plutôt vous arranger, fais-je, comme ça vous n'avez pas à éplucher les pommes de terre vous-même.

La voilà de nouveau fâchée, alors que je ne l'ai pas vraiment dit avec méchanceté.

– Tu crois peut-être que je suis payée pour le travail que vous faites ! Je sais très bien ce que vous pensez de moi : la grosse vieille idiote de la cuisine. Oui, c'est ça que vous vous dites, je le sais très bien.

C'est exact, mais je me tais. Et pas seulement parce que Rena me donne un coup. Non, je ne veux pas que les relations avec Mme Schmuck s'enveniment, cela ne vaut pas le coup.

– Non, dit Rena, vraiment, ce n'est pas ce que nous pensons. Vous êtes très bonne avec nous, madame Schmuck, toutes le disent.

La cuisinière ronchonne encore un moment, puis elle cesse de couper du pain.

– Montre-moi donc ce que tu as sous ton sparadrap, dit-elle.

Docile, je me lève, et m'avance vers elle. Il est facile de détacher le sparadrap, car je regarde moi-même assez souvent l'état de la plaie. Vendredi on me retire les fils.

Mme Schmuck observe longtemps les points de suture.

– Pauvre enfant, soupire-t-elle en posant le couteau. Je crois que je vais commencer par vous faire du lait chaud. (Elle se dirige vers ses fourneaux.) À moins que vous n'aimiez pas le lait chaud ?

Est-ce qu'il est possible de ne pas aimer le lait chaud ?

– Si, répondons-nous en chœur. Beaucoup.

En attendant que le lait bouille, Mme Schmuck fouille dans un grand cabas noir qui se trouve dans l'angle, à côté de l'armoire de la cuisine.

– J'ai acheté des bananes aujourd'hui, dit-elle. Pour mon dîner. Je vais les partager avec vous. On va se faire un délicieux goûter.

Elle sort cinq bananes et les pose sur la table. Est-ce qu'elle avait vraiment l'intention de les manger toute seule ? Pas étonnant qu'elle soit si grosse. La vue des bananes me met l'eau à la bouche. Je n'en ai pas souvent mangé, mais je me souviens exactement de leur goût.

Rena me fait un sourire en coin.

– Est-ce que je ne te l'avais pas dit ? me chuchote-t-elle.

À deux, ça marche beaucoup mieux avec Mme Schmuck. De nouveau je pense à un dicton de tante Lou : « Si l'un tient la vache par les cornes, l'autre peut la traire. » Non pas que je pense que Mme Schmuck soit une vache, ce n'est qu'un dicton.

La cuisinière se met à tartiner quelques tranches de pain. Avec du beurre, pas avec de la margarine, je l'ai très bien vu. Bien sûr, elle ne met pas autant de beurre qu'au sanatorium, mais elle ne gratte pas non plus le pain. Puis elle prend la casserole sur le feu et verse du lait dans les trois tasses.

– Venez maintenant, mes petites tourterelles.

Les deux tourterelles posent très vite leurs

couteaux et volettent vers la table. On a presque toujours une tartine de pain quand on est de corvée de cuisine, mais rarement du lait chaud. Et je n'ai encore jamais entendu parler de bananes.

C'est vraiment un très bon goûter. Je mange d'abord tout le tour de ma tartine, la croûte, puis je continue à tourner. Avec les dents je repousse le beurre vers le centre de la tartine. À la fin je me trouve avec une bouchée de pain recouvert d'un centimètre de beurre. Cette bouchée, je la prends en une seule fois. Mais je ne mâche pas, je l'écrase contre le palais avec ma langue pour que le beurre emplisse toute ma bouche. Quelle délicieuse sensation ! Chez tante Lou je mange mon pain toujours de cette façon.

Tandis que nous mastiquons avec délectation, Mme Schmuck parle :

– Nous devons les bananes aux Américains, ils les ont rapportées de là-bas. Avant la guerre on n'en voyait pas.

– En Amérique il y a tout, explique Rena. Des bananes, des oranges, du cacao. Et à New York il y a des gratte-ciel. Ce sont des immeubles avec cinquante ou cent étages.

Mme Schmuck hoche la tête. Nous avons chacune mangé une banane, il en reste deux. Elle en prend une. Et puis son bon cœur prend le dessus, elle met devant nous les deux bananes.

– Allez, mangez. Vous en avez plus besoin que moi.

J'épluche ma deuxième banane. La peau est jaune, avec des taches marron aux deux extrémités, le fruit lui-même est presque blanc et très odorant. C'est une odeur très particulière qui ne ressemble à aucune autre. Il n'y a vraiment que les bananes qui sentent comme ça. Je la respire encore une fois. Peut-être que j'arriverai à la retrouver ce soir quand je serai couchée.

– À New York il n'y a pas de couchers de soleil, dis-je.

– Pourquoi pas ? demande Mme Schmuck, étonnée.

– Parce qu'on ne voit pas l'horizon. Il y a beaucoup trop d'immeubles, et on ne peut pas voir l'horizon parce que les immeubles sont trop hauts. Il faudrait que ce soit un coucher de soleil vraiment exceptionnel pour qu'on puisse le voir.

– T'en sais des choses ! s'exclame Mme Schmuck.

– Comment tu le sais, d'ailleurs ? demande Rena. Tu n'as jamais été à New York. Est-ce que tu l'as lu ? Dans ton *Huckleberry Finn* ?

Je secoue la tête.

– Non, bien sûr que non. Huckleberry Finn a vécu près d'une rivière, le Mississippi. Et moi je ne connais que la Pologne. Mais c'est ma tante Lou qui me l'a raconté.

– Ta tante Lou a déjà été en Amérique? s'étonne Mme Schmuck, la bouche pleine.

– Non.

Je prends la deuxième tartine beurrée qu'elle me tend. Je mords d'abord encore une fois dans la banane, puis dans la tartine.

– Non, elle n'a jamais été en Amérique. Mais elle dit qu'on arrive à s'imaginer à peu près tout du moment qu'on y réfléchit bien.

La banane est délicieuse, la tartine aussi. Je mâche très lentement maintenant pour en profiter le plus possible et je prends la résolution de ne plus jamais dire du mal de la corvée de cuisine. Et encore moins de Mme Schmuck.

Soudain Rena me demande :

– Comment étaient les couchers de soleil en Pologne ?

Je dois réfléchir longtemps. Je ne sais plus, je ne me souviens d'aucun coucher de soleil en Pologne. Je n'ai plus de souvenirs de la Pologne.

– Normaux, dis-je. Ni très beaux ni très moches. En Pologne tout est plutôt moyen, je crois.

Pendant un moment nous mangeons sans nous parler. Puis Mme Schmuck déclare :

– Là d'où je viens, les couchers de soleil sont grandioses. Le ciel était tout rouge comme si le monde était en flammes. Jusqu'à ce que le soleil se couche derrière la mer.

– Vous avez habité au bord de la mer? demande Rena.

Et moi j'enchaîne :

– Est-ce qu'il y a des palmiers et du sable blanc ?

Elle rit très fort.

– D'où tu tiens ça? Non, en Prusse-Orientale il n'y a pas de palmiers. Du sable blanc quelquefois, mais seulement l'été. En hiver il pleut beaucoup, alors le sable devient brun-gris. Il est gris et comme râpé, comme une planche à laver, à cause des intempéries et des vagues. (Soudain elle a un air triste.) Et au lieu des palmiers, il y a des bouleaux, chez nous. Et puis des genêts et de grandes herbes.

Elle pose la tartine dans laquelle elle a mordu.

– C'était si beau, chez vous? l'interroge Rena. Est-ce que vous avez parfois le cafard?

– Que pouvez-vous comprendre au cafard ! Vous êtes bien trop jeunes pour ça. C'est quoi, pour toi, un chez-soi ? dit-elle en se tournant vers Rena.

– Là où est ma mère, répond Rena.

– Et pour toi? fait-elle en me regardant.

– Je n'ai pas de chez-moi.

Je n'arrive pas à en dire plus. Bien que ce ne soit qu'une demi-vérité. J'aurais pu préciser : là où est ma tante Lou. Mais Mme Schmuck m'aurait alors demandé pourquoi ma tante, et pourquoi pas ma mère. Alors j'ajoute vite :

– Je suis née en Pologne, mais je ne crois pas que la Pologne ce soit chez moi.

L'atmosphère dans la cuisine a brusquement changé. Elle est triste et pesante. Je sens que les larmes se pressent derrière mes yeux. D'ailleurs Mme Schmuck elle aussi est sur le point de pleurer. Elle passe le dos de sa main sur ses yeux, d'abord la main droite sur son œil droit, puis la main gauche sur son œil gauche.

Soudain, elle se ressaisit.

– Bêtise, dit-elle très fort. De la bêtise tout cela. Un chez-soi, ce n'est que quelques images qu'on a dans la tête. Non, je n'ai pas le cafard, pourtant j'aimerais bien revoir un jour la mer. Si je pouvais, je vivrais au bord de la mer. Mais si ce n'est pas possible, eh bien ce n'est pas possible. Renate, si par cafard tu entends le fait que j'aimerais que les choses soient comme avant, je ne peux que te dire : non. Chez nous la situation n'était pas telle que je la regrette. Mon père était sévère, ma mère plus encore. On ne riait jamais et on n'avait rien à se mettre sous la dent. Non, je n'ai pas le cafard. Seulement quelques images dans la tête. Comme les couchers de soleil. Les bouleaux sous un ciel gris. Et la mer et les dunes.

– C'est quoi, les dunes? demande Rena.

Mme Schmuck secoue la tête.

– Parfois vous êtes intelligentes, et parfois vous ne savez pas grand-chose. Des dunes, ce sont des montagnes de sable, des collines qui longent la plage. Comme des vagues de sable devant les vagues de l'eau.

Elle se lève, pose les tasses vides sur la pierre d'évier et prend son couteau. Nous aussi, nous nous remettons au travail. L'étrange atmosphère est passée et d'un coup la corvée de cuisine est comme d'habitude. Éplucher des pommes de terre. Mais dans la bouche je garde encore la saveur des bananes.

Je m'applique à bien travailler et à faire des épluchures très minces, comme Mme Schmuck les aime, bien qu'avec des pommes de terre aussi vieilles et déjà ramollies ce soit tout sauf facile. Quand nous avons fini elle nous félicite et nous caresse la tête.

– Je réfléchirai à un autre bon goûter pour demain, nous promet-elle.

– Nous ne viendrons pas demain, dis-je. S'il fait beau, il n'y a pas de service à la cuisine et je partirai. Mais à partir d'après-demain nous viendrons tous les jours.

Au moment de remonter l'escalier, Rena me dit :

– C'est curieux, je crois que tout le monde a des souvenirs auxquels il n'aime pas penser. Tout le monde doit avoir quelque chose dans sa vie qui lui fait honte et dont il ne veut pas parler.

Je me contente de hocher la tête. Je ne suis pas surprise, je l'ai toujours su. Même tante Lou devient triste quand on lui pose certaines questions et ne veut pas répondre. C'est pourquoi je ne la questionne jamais sur le passé.

Quand nous arrivons dans la chambre, les autres sont en train de ranger les armoires. Sur tous les lits et chaises, il y a des vêtements.

– Qu'est-ce qui se passe ? demandé-je.

Susanne jette bruyamment ses bottes pour l'hiver par terre.

– Contrôle des armoires, dit-elle, furieuse. Elfriede est passée dans le couloir tout à l'heure avec le gong. Quelqu'un a dû énerver Mlle Urban et c'est à nous de payer. Allez-y, rangez. Je n'ai pas envie d'avoir de mauvais points à cause de vous.

Élisabeth plie soigneusement les vêtements de sa poupée. Elle n'a pas levé la tête quand nous sommes entrées. Nous ne nous sommes pas encore adressé la parole depuis la bagarre. Cela n'a rien d'extraordinaire, c'était déjà comme ça avant. Mais maintenant il semble qu'elle ne parle plus avec les autres. Pourquoi ? Est-elle fâchée ou gênée ?

Dorothea essuie sa boîte aux trésors avec un gant humide avant de la remettre dans l'armoire.

Rosemarie suspend proprement sa belle robe bleue au col brodé et la jupe large en forme de cloche. C'est elle qui a le plus de travail, son coffre à elle a toujours l'air d'un clapier à lapins. Au début elle partageait une armoire avec Élisabeth, mais quand le coffre s'est libéré parce que Doris est retournée vivre chez ses parents, Élisabeth a insisté pour qu'on donne le seul coffre de la chambre à Rosemarie. On ne pouvait exiger de personne de partager une armoire avec elle, a-t-elle dit, et c'est vrai. Rosemarie est bordélique.

Pas Rena. Ses affaires sont parfaitement rangées.

– Viens, propose-t-elle. Je vais t'aider. Mieux vaut commencer tout de suite.

C'est ce que nous faisons. Je sors vite la petite poupée de sa cachette au milieu de mon linge et la glisse sous mon oreiller. Puis je retire mes affaires de l'armoire et Rena les plie comme il faut avant de les remettre. Rena brandit mon chemisier rouge.

– Je vais te le laver tout à l'heure, dit-elle, comme ça tu pourras le mettre demain pour l'excursion.

Je la regarde, étonnée. Naturellement, je suis contente qu'elle se propose de laver mon chemisier, mais c'est quand même un peu bizarre.

– Ne t'en fais pas, Rena. Je peux le faire, j'ai souvent lavé le linge chez moi.

Tandis que nous finissons de ranger l'armoire, je pense à Mme Schmuck et à l'excursion à Schwetzingen, à la Pologne, à la mer que je ne connais pas et au parc que je verrai demain. S'il fait beau.

Et dans la bouche j'ai toujours le goût des bananes.

CHAPITRE XVI

Dieu attend longtemps et vous le rend au centuple

Le temps n'est pas seulement beau, il est superbe. Le soleil brille. On dirait le milieu de l'été.

Nous sommes dans la voiture. Devant il y a Mme Lehmann, comme toujours en mauve, et à côté d'elle Mlle Urban, qui porte un chemisier bleu pâle et une jupe plissée bleu foncé. Derrière il y a Wolfi, le fils de Mme Lehmann, et moi. J'ai appris juste avant le départ qu'il venait avec nous. Wolfi ! Quel drôle de nom ! Pour un peu je lui aurais demandé s'il portait encore des couches.

Il a l'air d'avoir à peine dix ans, mais il dit en avoir onze. Si seulement il se taisait ! Mais il ne peut s'empêcher de parler.

– La voiture est toute neuve, fait-il avec fierté.

Je hoche la tête, je le sais déjà, car Mlle Urban me l'a dit. En plus ça se voit. Elle est couleur crème et elle brille.

Wolfi me demande dans quelle classe je suis, si j'ai une amie, si c'est bien dans le foyer, comment j'ai fait pour collecter autant d'argent. Je ne lui réponds pas volontiers. Puis il demande pourquoi j'ai un si grand sparadrap sur le front et je lui lance que ça ne le regarde pas. Du coup il se tait.

Je ne suis encore jamais partie en excursion en voiture. Hormis un voyage en ambulance ou dans la voiture du Dr Zuleger, je ne suis montée qu'une seule fois dans une voiture. C'était lors des dernières vacances de Pâques quand Uncle Sam Silver est venu avec sa Jeep. Mais nous n'avions pas le droit de faire une excursion. Il a juste fait un petit tour pour moi jusqu'à l'église en ruine.

Dommage que Rena n'ait pas eu le droit de venir. J'ai demandé à Mlle Urban si elle pouvait, mais elle n'a pas voulu. J'ai même proposé de renoncer à la glace. Mais Mlle Urban a dit que Rena n'avait même pas participé à la collecte et que ce serait injuste par rapport aux autres qui se sont donné cette peine. Qu'il fallait que je comprenne.

Elle a raison. Il n'empêche.

Rena a finalement lavé mon chemisier rouge hier soir et ce matin, avant le petit déjeuner, elle a passé un coup de fer dessus pour le sécher complètement. Je suis restée à côté d'elle et je l'ai regardée faire.

– Tu auras de la glace et tu vas manger dans un restaurant. Est-ce que tu es déjà allée au restaurant ?

Non, bien sûr, je n'y suis encore jamais allée. Sauf une fois : quand la femme de l'Assistance m'a amenée dans le foyer pour enfants Hildegardi. Mais j'avais tellement peur à ce moment-là que je ne me souviens de rien. En revanche, je suis allée plusieurs fois dans des bars. Au « Paradiso », par exemple. Mais je ne l'ai pas dit à Rena, parce que je n'avais pas envie d'y penser. Et encore moins d'en parler. Au restaurant, on y va seulement pour manger, je le sais, j'ai lu ça quelque part. L'homme qui vous apporte le repas porte un costume et on l'appelle « garçon » ou « serveur ».

Nous sommes passés devant la gare, puis nous avons traversé le quartier détruit par les bombes où il n'y a plus que trois ou quatre immeubles debout ; finalement nous avons traversé un quartier nouveau. Maintenant nous roulons sur la route départementale. Les champs et les prés défilent à toute allure, on voit des femmes qui binent des pommes de terre, un paysan dans sa charrette tirée par un bœuf. Je ne savais pas que c'était si beau en dehors de la ville. Ou je l'ai oublié. Pourtant j'ai dû le savoir, puisque j'ai vécu à la campagne chez Mme Kowalski. Mais elle ne m'a pas laissée sortir, je n'avais le droit que de regarder par la fenêtre. Il faut absolument que j'en parle à Rena et que je lui demande si elle connaît la campagne. Où a-t-elle habité avant ? Je n'en ai aucune idée, mais je crois que c'était dans une ville. Nous venons presque toutes de la ville.

Mme Lehmann roule plus vite que le Dr Zuleger. Le paysage défile si rapidement que j'ai du mal à fixer les choses. Ma tête se remplit d'images et je deviens toute calme. Je pourrais rouler toujours et regarder sans cesse. À travers champs, prés, forêts, passant de temps en temps dans un village.

Enfin nous sommes arrivés. Mme Lehmann gare sa voiture sur un emplacement libre devant un immense portail de fer forgé. Il faut payer une entrée si l'on veut aller dans le parc. Mme Lehmann sort son porte-monnaie et Wolfi commence à geindre parce qu'il veut sa glace tout de suite. Pourquoi l'ont-elles amené ? Mlle Urban porte un sac à provisions avec des sandwichs et une bouteille Thermos avec du thé pour le déjeuner. Car nous n'irons manger au restaurant que le soir, c'est bien plus beau, ont-elles dit.

Le château est immense. Derrière, le parc est si grand qu'on ne voit pas où il s'arrête. Des allées de gravier serpentent entre des pelouses bien tondues et bordées de parterres de fleurs. Au milieu du gazon, il y a des fontaines et des étangs. Devant une grande fontaine se trouve un groupe de cerfs avec des chiens couchés. Et partout des figures et des vases en pierre sur des socles. Je m'arrête un bon moment avant de poursuivre mon chemin. Je n'ai encore jamais vu ça, je ne savais même pas que cela existait, quelque chose de si beau, de si vaste.

De chaque côté de la grande allée avec les parterres de fleurs et les fontaines, il y a des chemins bordés de haies bien taillées. Nous remontons l'allée, prenons les chemins avec les haies et nous retrouvons soudain parmi de grands arbres, comme dans une forêt. Et sans arrêt je découvre d'autres figures.

Wolfi ne cesse de se plaindre, mais je ne fais pas attention à lui. Il peut faire ce qu'il veut du moment qu'il ne me dérange pas. J'aimerais être complètement seule.

Les chemins entre les arbres sont agréablement ombragés. Soudain j'aperçois une femme de pierre. Elle se tient sur un socle au milieu d'un petit étang, comme si elle venait de sortir de l'eau. Elle est nue et porte une sorte de serviette sur l'épaule. La serviette est en pierre également, mais on dirait que les plis sont en tissu. La pierre est lisse et blanche, avec des ombres grises. La tête de la femme est légèrement penchée vers la gauche. Ses bras sont blancs et ronds, son ventre a l'air d'être doux. Mais ce qu'il y a de plus beau, ce sont ses jambes. Elle est en appui sur la jambe gauche, la jambe droite légèrement fléchie comme si elle s'apprêtait à faire un pas en avant. La pierre claire a les reflets de la chair. Et les jambes sont si bien sculptées qu'on distingue parfaitement genoux et mollets. Comme si elle vivait. Et puis les doigts de pieds et les ongles. Mais le plus beau c'est le genou droit.

On dirait une vraie femme, une femme splendide sortie de l'étang pour traverser le parc et qu'un magicien, enthousiasmé par sa vue, a cherché à immortaliser. « Il ne faut pas que tu vieillisses, a-t-il dit. Tu dois rester telle que tu es maintenant. » Et il l'a pétrifiée. Il ne lui a pas fait mal, elle sourit toujours, d'un sourire de pierre car au milieu de son mouvement elle est devenue pierre. Mais la pierre est belle, parce qu'elle-même était belle. Peut-être qu'elle est même plus belle maintenant que la femme ne le fut en réalité ?

Soudain quelqu'un pose son bras autour de mes épaules.

– Pourquoi pleures-tu, Halinka ? me demande Mlle Urban.

Je ne me suis pas rendu compte que je pleurais.

– Elle est si belle, dis-je. Cette jambe...

Je ne sais pas quoi ajouter. On ne peut pas décrire cela. Et en plus il lui suffit d'ouvrir les yeux pour le voir elle-même.

Mlle Urban me serre un peu contre elle.

– Viens, nous allons manger.

Je me laisse entraîner en direction d'un banc où se trouvent Mme Lehmann et Wolfi. Ils nous regardent nous approcher. Je n'ai pas faim, et je m'en fiche de la glace.

– Cela te plaît ? demande Mme Lehmann. Maintenant tu es contente d'être venue, n'est-ce pas ?

Sa façon chantante de parler n'est plus bizarre. Elle va bien avec ce parc.

– Comment on appelle ces figures en pierre ? lui demandé-je tandis que je déballe mon sandwich.

Il est au fromage, cela aussi est exceptionnel.

– Des statues, répond Mlle Urban. Elles ont entre deux cents et trois cents ans.

Je mange mon sandwich, je bois le thé dans

un des godets que Mlle Urban a sortis de son sac à provisions et je regarde les arbres derrière lesquels se trouve ma statue depuis plus de deux cents ans. J'ai l'impression qu'elle m'a attendue. Seulement moi. Et si je m'en vais elle va attendre que je revienne.

Pour acheter la glace nous sommes obligés de quitter le parc.

– Je n'en veux pas, dis-je. Je n'ai pas besoin de glace, je préfère rester ici.

Mme Lehmann et Mlle Urban me promettent que nous allons revenir encore une fois aujourd'hui. Malgré cela, je n'ai pas envie de partir d'ici, mais comme Wolfi continue à geindre je ne peux que les suivre. À l'entrée Mme Lehmann discute avec le gardien pour qu'il nous laisse rentrer avec les mêmes billets tout à l'heure. Il le promet et nous remontons les rues mais mon esprit est toujours dans le parc, près des statues, surtout auprès de la mienne qui m'a attendue depuis plus de deux cents ans...

Nous nous arrêtons devant un marchand de glaces. Wolfi s'y connaît, il veut un grand cône avec de la glace à la framboise et au chocolat. Moi, cela m'est égal.

– Regarde ce qu'il y a sur la liste, conseille Mme Lehmann.

On dirait qu'elle est déçue. Elle a sans doute

pensé que je raffolais des glaces. Ce qui est vrai normalement. Elle n'y est pour rien si j'ai la tête pleine de statues. Je lis le panneau indiquant les parfums.

– Banane, dis-je vite. Banane et chocolat.

Mme Lehmann sourit, contente. Moi aussi j'ai un grand cône. Toutes les deux prennent des petits godets avec une boule.

Nous retournons sur nos pas en suçant nos glaces.

– Est-ce que je peux me promener un peu toute seule? dis-je à voix basse à Mlle Urban quand nous sommes de nouveau dans le parc.

Elle hésite d'abord, puis acquiesce :

– D'accord, mais tu ne quittes pas les chemins. Et ensuite tu reviens ici à la fontaine avec les cerfs.

Je le lui promets et continue toute seule.

Ce parc a appartenu à des gens avant. Des gens qui ont habité ce château et qui pouvaient s'y promener sans avoir à payer d'entrée. Ils ont pu voir tous les jours cela. Ils ont sûrement eu des enfants qui ont couru sur ces chemins. Peut-être qu'ils ont joué au ballon sur cette pelouse. Ou qu'ils se sont cachés derrière les socles des statues lorsqu'ils jouaient à cache-cache. Ils ont grimpé sur les cerfs, leur enfonçant leurs talons dans les flancs. Quand tous les jours on est entouré par tant de belles choses on ne peut que devenir un autre homme, me semble-t-il.

Le château est immense. Même si l'on pense qu'il y avait sans doute une grande quantité de serviteurs, chacun des habitants a dû avoir plusieurs pièces pour lui. Nous vivons à sept dans une chambre. Et tante Lou dans sa minuscule chambre meublée. C'est étrange. Si on a toujours autant d'espace autour de soi, on doit finir par bouger autrement.

Je n'avais jamais réfléchi au fait que d'autres gens vivent autrement. Ni qu'il existe une quantité innombrable de choses qui sont seulement utiles, comme une casserole ou des ciseaux. Mais il en existe d'autres qui peuvent vous ensorceler uniquement parce qu'elles sont belles. Et rares. Soudain je le sais : comparée aux choses utiles, la beauté est superflue. Mais c'est quand même quelque chose dont on a absolument besoin. Moi, en tout cas, j'en aurai toujours besoin, je le sais parfaitement à cet instant précis. De nouveau j'ai envie de pleurer parce que les choses sont ainsi. Et en même temps je suis heureuse de pouvoir voir ce que je vois.

Il n'est pas vrai, tante Lou, qu'on peut tout imaginer dès lors qu'on commence à réfléchir correctement. Je n'aurais pas pu imaginer ce que je vois, parce que simplement je l'ignorais. C'est plus compliqué, tante Lou. On peut se représenter les choses que l'on sait exister. Certes, j'ai souvent entendu ou lu l'expression « parc du château », mais je ne savais pas ce que cela signifiait. Je pensais à quelque chose comme les espaces verts devant la gare.

Je remonte l'allée principale et tous les chemins qui bifurquent. Au moment de contempler trois enfants de pierre qui jouent avec un bouc, Wolfi arrive vers moi en courant.

– Je t'ai cherchée, crie-t-il. Viens ! Il y a une peinture sur le mur dans la maison là-bas. *La fin du monde*. On a l'impression qu'on peut voir toujours plus loin. Mlle Urban dit que c'est ce qu'on appelle la perspective. Viens, je vais te la montrer.

– Laisse-moi tranquille avec ta peinture, dis-je en me détournant.

En quoi une peinture sur un mur peut-elle m'intéresser ? Je reviens vite en arrière. De nouveau je me retrouve devant ma statue. C'est la plus belle de toutes, elle a de si belles jambes, de si beaux genoux. Comment est-ce possible de faire cela dans de la pierre ?

Mlle Urban se retrouve soudain à côté de moi et pose sa main sur mon épaule.

– Halinka, demande-t-elle, pourquoi tu as ouvert la boîte ? Est-ce que tu as pris de l'argent ?

Pendant quelques secondes ma tête se vide et j'ai les jambes qui tremblent. Puis je me ressaisis.

– Non, dis-je. Seulement j'étais curieuse de savoir combien il y avait d'argent dedans. Et puis je n'ai pas réussi à bien remettre les fils.

Sa main s'appuie un peu plus sur mon épaule.

– D'accord, dit-elle, n'en parlons plus. Nous devons partir dans quelques minutes, si nous voulons aller au restaurant.

Elle se retourne. Je la regarde s'éloigner. Je me sens encore un peu flageolante, mais ça passe vite. Je crois qu'elle connaît la vérité, mais je n'ai pas besoin de la lui avouer si je ne veux pas. Peut-être qu'un jour je lui dirai et lui proposerai qu'elle me mette de corvée de cuisine, ou de vaisselle. En attendant, ce que j'ai vu valait la peine. Même la peur que j'ai eue à cause du plombage et des fils. Tout vaut la peine. Tu as raison, tante Lou. Un jour ou l'autre on est toujours récompensé. Dieu attend longtemps et vous le rend au centuple.

Dommage que je ne puisse caresser ma statue, l'eau de l'étang m'en sépare. Mais peut-être que c'est bien ainsi. Personne ne doit la toucher. Elle s'est retranchée en elle-même, elle n'appartient qu'à elle-même. La pierre a l'air d'être fraîche, lisse et belle.

– Au revoir, lui dis-je à voix basse. Je reviendrai, je reviendrai sûrement un jour.

Je regarde son visage. Elle est là depuis plus de deux cents ans. Sa tête se détache, blanche, sur le ciel bleu. Dans les arbustes et les arbres les oiseaux ont commencé à chanter, le soir tombe. Je me sens toute petite et en même temps grande, très grande. Je crois que c'est le bonheur. Ou quelque chose de ce genre.

Puis je rejoins les autres.

Nous reprenons la voiture pour sortir de Schwetzingen. Dans un village Mme Lehmann s'arrête devant un restaurant. Sur un grand panneau il y a écrit « Au Chêne vert – Hôtel – Restaurant ».

Il y a au moins vingt tables dans la salle, mais elle est toute différente de notre cantine. Devant les fenêtres, il y a des rideaux sombres et, sur les tables, des nappes blanches. Certaines tables sont occupées. Un serveur nous apporte la carte. Il porte un simple costume noir. Je ne me l'étais pas imaginé comme ça.

Je sais très bien ce que je veux manger, je n'ai pas besoin de la carte.

– Des côtelettes, dis-je. Je voudrais des côtelettes.

– C'est bien, mon enfant.

Mme Lehmann sourit. Elle semble vraiment

contente quand j'exprime ce que je désire. Peut-être parce que son fils Wolfi n'est jamais satisfait. Un vrai grincheux. Il veut absolument des crêpes avec de la compote de pommes.

– Ce n'est pas écrit sur la carte, répond le serveur, mais je suis sûr que cela peut s'arranger.

Wolfi est enfin content.

Mlle Urban commande un verre de vin rouge avec son repas. Mais le verre est servi bien avant que le repas n'arrive, si bien qu'elle doit en commander un deuxième. Je la regarde avec méfiance. Que se passera-t-il si elle se soûle ? Est-ce qu'elle va devenir furieuse et taper sur les autres ? Mais elle ne commande pas de troisième verre, elle est seulement un peu gaie. Mme Lehmann boit de l'eau minérale, Wolfi et moi avons du jus de pomme. Il est sucré et a tout à fait le goût de la pomme.

Le repas arrive enfin. J'ai vraiment faim maintenant. Le serveur pose l'assiette avec la côtelette devant moi. Elle est rose et il y a un peu de gras entre la viande et l'os. À l'endroit où ce dernier a été scié, c'est gris et poreux, comme une vieille balle en caoutchouc, tandis que l'autre partie, la courbe, semble être recouverte d'une peau argentée. Et la côtelette entière n'est pas moins grosse et grande que je ne l'ai imaginé. Il y a de la purée de pommes de terre avec et de la choucroute.

J'observe Mme Lehmann et Mlle Urban qui mangent avec couteau et fourchette. Elles tiennent le couteau dans leur main droite et la fourchette dans la main gauche. Cela a l'air très facile tel qu'elles le font, mais quand j'essaie de les imiter, j'ai plus de mal. Mais j'y arrive. Je coupe de tout petits bouts et je mâche très lentement pour ne rien manquer. La côtelette est étrangement salée, mais très bonne. Je ne me souviens plus du goût de celle que j'ai mangée en quittant le sanatorium pour aller à Hildegardis. Mais cela n'a plus tellement d'importance, maintenant je sais de nouveau à quoi ressemble une côtelette. C'est bon, très bon. Je n'oublierai plus jamais ce goût.

Mme Lehmann et Mlle Urban me regardent souvent. Normalement je n'aime pas qu'on m'observe, mais là ça m'est égal. Quand à la fin je prends l'os pour le gratter, elles se mettent à rire. Je ris aussi. Comme dessert il y a de la crème au chocolat, nappée de Chantilly.

Sur le chemin du retour je ferme les yeux. De toute façon il fait presque nuit dehors, et je veux pouvoir me souvenir de tout ce qui s'est passé aujourd'hui. Vraiment de tout pour ne plus jamais l'oublier. Surtout de ma belle femme pétrifiée.

Lorsque la voiture s'arrête devant le foyer j'ai l'impression que le voyage a été très court.

Nous descendons. Mme Lehmann sort également. Elle me prend dans ses bras et me donne un baiser sur les cheveux.

– Je suis contente que ce soit toi qui aies gagné ce prix, Halinka, dit-elle. Cette journée a été très agréable avec toi.

Je me mets presque à pleurer. Mais presque seulement.

– Merci, madame Lehmann, dis-je. C'était une très belle excursion. Merci beaucoup.

Je n'ai même pas eu à faire un effort pour la remercier.

Mlle Urban et moi montons côte à côte l'escalier. Les lumières sont déjà éteintes.

– Ne fais pas de bruit, me chuchote Mlle Urban. Il ne faut pas que tu réveilles les autres. Dors bien, mon enfant.

Elle me passe la main dans les cheveux. Puis elle va vers son appartement, moi vers notre chambre.

Rena est encore éveillée, je m'y attendais. Mais je n'ai pas envie d'aller au grenier aujourd'hui. J'ai seulement envie d'être dans mon lit et de penser à la statue. À la beauté. En tout cas il me faut être seule ce soir.

Nous allons dans la salle d'eau. Chacune devant un lavabo nous nous passons les mains sous l'eau froide.

– Ne m'en veux pas, dis-je à Rena. Demain je te raconterai tout. Aujourd'hui je ne peux pas. Il faut d'abord que je réfléchisse.

Rena est déçue, je le vois. Mais bien sûr elle ne me force pas à parler. Jamais elle ne ferait ça.

– D'accord, alors demain.

Nous retournons dans notre chambre. Elle m'embrasse.

Je suis dans mon lit ; sous la couverture je tiens ma petite poupée et je laisse défiler toute l'excursion. Une fois, deux fois, trois fois. Rena ne pleure pas. Je ne sais pas si elle dort. Mais ce n'est pas important maintenant. Demain je lui raconterai tout, je lui parlerai même de la femme en pierre.

Je ferme les yeux.

Le parc est si grand qu'on ne voit pas où il s'arrête. Des allées de gravier serpentent entre des pelouses bien tondues et bordées de parterres de fleurs, au milieu des pelouses il y a des fontaines et des étangs. Devant une grande fontaine se trouve un groupe de cerfs avec des chiens couchés. Et partout des figures et des vases en pierre sur des socles. Je m'arrête un bon moment avant d'oser poursuivre mon chemin. Je n'avais jamais vu ça, je ne savais même pas que cela existait, quelque chose de si beau, de si vaste...

CHAPITRE XVII

Pourquoi vouloir du miel
quand le sucre est sucré aussi ?

Je suis dans un autre foyer, un foyer où je ne me repère pas. Il est immense, avec de longs couloirs et des escaliers qui montent et descendent, et un nombre incroyable de portes.

Je cours dans les couloirs comme si quelqu'un me poursuivait. Mais à chaque fois que je me retourne le couloir est vide, il n'y a que moi. Mes pas résonnent et les murs me renvoient leur écho. C'est très angoissant, je me mets à courir de plus en plus vite. Soudain j'entends une voix qui crie : « Attends voir que je t'attrape, et tu verras ce que tu verras ! » Je connais cette voix et je réfléchis fiévreusement à qui elle appartient, mais je ne m'en souviens pas. Je sais seulement que je dois partir, vite.

Pleine d'angoisse j'ouvre brusquement la porte la plus proche. Je me retrouve dans une pièce qui ne ressemble pas à ce à quoi je m'attendais. Très différente de notre chambre. Il n'y a pas de lits alignés, pas d'armoires à linge, pas de bureaux sur lesquels on fait ses devoirs.

C'est une petite pièce avec un papier peint dans les tons bruns. Devant les fenêtres il y a des stores blancs et de lourds rideaux vert foncé qui descendent jusqu'au sol. Près de la fenêtre il y a une table ronde avec une nappe verte en velours et quatre chaises. Dans le coin à droite je vois un lit en bois et, sur le lit, un édredon tout gonflé et un grand oreiller avec un pli au milieu. Juste à côté de la porte il y a une armoire vieillotte avec des pieds tournés et une porte. Mais le plus frappant, c'est la commode contre le mur gauche, une commode démodée, sculptée.

Je connais cette chambre. Peut-être que j'en ai déjà rêvé. Il n'y a personne dans la chambre. Cela sent... je dois réfléchir longtemps avant de trouver l'odeur. Le lilas. Aussitôt je sais que cela fait longtemps que je n'ai plus senti de lilas. Depuis quand ? Je ne sais pas, je l'ai oublié.

Je m'approche de la commode, hésitante, et j'ouvre l'un des tiroirs. Il y a des bijoux. Je prends une chaîne et la regarde. Il me semble déjà l'avoir vue quelque part. Elle est en argent, sombre, presque noire, avec un pendentif d'une forme étrange, une étoile avec une pierre verte au centre. Les larmes me montent aux yeux, mais je ne suis pas triste, je suis contente. Vite j'ouvre l'autre tiroir, puis tous les autres. Il y a des choses complètement bizarres dans les tiroirs, des bijoux, des figurines en porcelaine, des petites boîtes, des tissus de couleurs différentes.

Je sors un bout de velours bleu et le presse contre mon visage. C'est si doux. Soudain la porte s'ouvre et quelqu'un m'attrape par les épaules. Je me retourne, effrayée.

C'est Susanne. Elle me secoue.

Vite je referme les yeux. Je ne veux pas me réveiller, je veux continuer ce rêve. Que se passe-t-il dans cette chambre ? À qui appartient cette commode avec les bijoux ?

Mais Susanne ne me lâche pas, elle retire la couverture.

– Allez, debout !

C'est elle qui est de corvée de chambre cette semaine et elle doit veiller à ce que nous soyons prêtes à l'heure. Je me lève pour aller dans la salle d'eau. Lorsque je reviens, Rena a déjà fait mon lit. La sonnerie retentit et nous descendons ensemble à la cantine.

Pendant le petit déjeuner, Duro me demande comment était l'excursion. Je n'ai pas envie de parler, je pense encore à mon beau rêve.

Je me contente de lui répondre :

– Beau, c'était très beau.

– Raconte, supplie Inge. Il faut vraiment te tirer les vers du nez.

Je regarde vers Rena qui hoche la tête.

– Que veux-tu, nous sommes curieuses, dit-elle d'une voix conciliante et encourageante. Il faut comprendre.

Je commence à parler. Mais pas du parc, seulement du restaurant. De la salle, des habits du serveur, de la table et de ce que nous avons mangé. Je raconte sans arrêt et je ne sais déjà plus si ce que je dis est vrai ni si cela a été réel. Mais qu'importe. Je me mets même à décrire la commode sculptée qui se retrouve soudain dans le restaurant et parle d'une femme qui portait un magnifique collier d'argent avec un pendentif en forme d'étoile au milieu de laquelle il y avait une pierre verte. Elles sont tout ouïe.

Tant mieux. Si elles sont satisfaites, elles ne vont pas m'interroger sur le parc. Il est à moi toute seule. De toute façon elles ne comprendraient pas. Moi-même je ne saurais expliquer ce que j'ai vécu là-bas.

Mais finalement Duro me demande :

– Et comment était le parc ?

Je fais l'indifférente.

– Il ressemble à tous les parcs, dis-je comme si j'en avais vu des centaines. Des pelouses, des parterres de fleurs, des allées, des bancs.

Sans qu'on la voie, Rena approche sa main droite de ma main gauche jusqu'à la toucher.

J'arrive à respirer de nouveau correctement.

– Arrêtez de me poser tant de questions. Je vous ai déjà dit que c'était très beau.

Rena se lève. Elle est de corvée de table et ramasse donc les assiettes et les couverts pour les porter dans la cuisine. Je l'aide.

J'aimerais ne pas avoir à aller à l'école aujourd'hui. Je pourrais dire que je ne me sens pas bien. Non, Mlle Urban ne me croirait pas. Et je n'ai pas envie de lui mentir. Pas ce matin. C'est pourquoi je descends avec Rena dans la classe.

Toutefois j'ai du mal à suivre le cours, j'ai la tête ailleurs. Sans cesse je vois la statue, avec un collier d'argent, ou bien dans la petite pièce aux rideaux verts. Elle y est toute différente. Et de temps en temps j'entends la voix de tante Lou. « Apprends, Halinka. Il faut que tu apprennes le plus possible de choses. Ce que tu as appris, personne ne peut te le prendre. »

Demain, tante Lou, demain je ferai attention de nouveau, tu peux compter sur moi. Comment dit-on « beau » en polonais ? Ah oui, *piekny. To kobieta piekna,* quelle belle femme !

Avant le déjeuner, au moment de la distribution du courrier, Mlle Urban me donne une lettre. Tante Lou. Je la glisse dans la poche de ma jupe avant de me rasseoir.

Rena m'a vue faire.

– Cet après-midi je vais écrire à ma mère, me chuchote-t-elle. J'ai déjà essayé hier, cela n'a pas marché. Mais aujourd'hui cela marchera sûrement...

Elle prend sa fourchette.

Après le déjeuner je vais aux toilettes pour ouvrir la lettre. Un billet de dix marks tombe par terre. Je le ramasse vite.

De l'argent pour le trajet. Tante Lou veut que je vienne. Je lui manque. Dans la lettre elle dit qu'elle se réjouit de me voir.

Mais il y a autre chose encore. Uncle Sam Silver retourne aux États-Unis la semaine prochaine, il a été muté dans une autre unité. Pas un mot de mariage. Cela n'a donc pas marché, tante Lou, je me suis réjouie trop tôt. Il faut que je reste ici, le temps que tu trouves un mari.

Dommage. Il m'aurait plu, Uncle Sam Silver. Mais probablement que tout homme qui aimerait tante Lou me plairait. Il ne peut qu'aller avec elle. Bien sûr, certaines femmes tombent amoureuses du mauvais, je le sais. Mais pas tante Lou, j'en suis sûre. Un jour ou l'autre, cela marchera. « Je suis très triste, écrit tante Lou, et Uncle Sam Silver aussi. Mais c'est comme ça avec les soldats. On ne sait jamais combien de temps ils restent. »

Dix marks. J'ai deux fois l'argent du trajet. Je n'ai pas à lui parler de l'autre argent, inutile de trouver une excuse. Tout a fini par rentrer dans l'ordre.

Avant la fin de la sieste je vais trouver Mlle Urban.

– Je voudrais aller chez ma tante samedi, lui dis-je.

– Tu as une lettre d'elle ? demande-t-elle.

Je secoue la tête. J'ai certes une lettre, mais je n'ai pas envie de la lui montrer. Uncle Sam Silver ne la regarde pas, il ne regarde que tante Lou et moi.

– Vous savez que ma tante ne connaît pas très bien l'allemand.

– Je t'ai déjà expliqué plus d'une fois qu'elle doit écrire un mot pour que tu ailles la voir le week-end. Qu'elle téléphone, au moins ! Tu sais très bien que je n'ai pas le droit de te laisser partir autrement. Est-ce qu'on peut la joindre par téléphone ?

– Oui, dis-je. Le mieux c'est maintenant. Elle est au travail en ce moment.

J'écris le numéro sur un bout de papier et Mlle Urban se dirige vers son téléphone qui est posé sur une petite table aux pieds galbés et hauts. Elle fait le numéro et me tend l'appareil.

Une femme que je ne connais pas répond. Je dis que j'aimerais parler à tante Lou. La femme n'est pas de bonne humeur, elle rouspète et explique qu'il faut qu'elle aille la chercher. Toujours ces coups de fil personnels pendant le travail, le chef n'aime pas ça du tout.

J'attends patiemment d'entendre la voix de tante Lou. Pendant quelques secondes je n'arrive pas à parler, car j'ai soudain très chaud. Puis je lui explique qu'elle doit dire par téléphone ou par écrit que je peux aller chez elle ce week-end.

– Pourquoi donc ? demande-t-elle. Puisque je t'ai envoyé de l'argent, tout est clair.

– Il n'empêche, fais-je.

Et soudain deux choses me traversent l'esprit. Les dix marks derrière la poutre et le canapé de tante Lou. Il est certes petit, mais Rena et moi ne sommes pas bien grosses.

– Tante Lou, est-ce que je peux venir avec une amie ?

Pendant un instant elle ne dit rien.

– Je t'en prie, tante Lou. Je l'aime beaucoup. Aime avec « ai ».

Alors tante Lou dit :

– Tête de fada ! Aimer c'est un mot important. Je sais très bien que cela s'écrit avec « ai ». Bien sûr que tu peux venir avec ton amie.

Elle rit. J'avais presque oublié combien son rire est beau.

– Et maintenant, passe-moi Mlle Urban.

– Merci, tante Lou.

J'ai du mal à sortir les mots, cela me gratte la gorge.

– Merci et à samedi. Nous arriverons par le train de 14 h 27. Oh, tante Lou, je suis tellement contente !

Je rends le combiné à Mlle Urban. Je n'arrive pas à comprendre ce que tante Lou lui dit, mais cela dure assez longtemps. Mlle Urban l'écoute, puis elle se met à rire aussi. Quand tante Lou rit, personne ne peut s'empêcher de rire avec elle.

Quand Mlle Urban raccroche enfin, elle dit :

– C'est d'accord, tu peux partir. Et tu peux emmener une amie. Qui c'est, cette amie ?

– Rena, dis-je. Renate, qui d'autre ?

Elle me fait une caresse sur la tête au moment où j'ouvre la porte. Comme hier soir.

– Quand dois-tu revoir le Dr Zuleger ?

– Demain, il m'enlève les fils.

Elle me fait une autre caresse avant que je parte.

Rena va être surprise. En pensant à la tête qu'elle fera, je me mets à rire. Je longe lentement le couloir en direction de la salle d'eau. C'est une habitude. Quand, pour une raison ou une autre, je n'ai pas envie de retourner tout de suite à la chambre, je vais dans la salle d'eau et fais couler de l'eau froide sur mes mains. Quelles qu'en soient les raisons, cela me calme toujours.

L'eau est agréablement fraîche, je me penche, bois quelques gorgées et me mouille la figure. Dans le miroir je tombe sur mon visage. J'ai soudain l'impression d'être différente, plus vieille. Je soulève le sparadrap et regarde la cicatrice. Elle guérit bien, a dit le Dr Zuleger. On ne la verra pas si je me laisse pousser les cheveux. Demain, quand les fils seront partis, je n'aurai sans doute plus à porter un sparadrap aussi grand.

Je crois que je viens de présenter une chaise au bonheur.

Je me sèche le visage et quitte la salle d'eau. Devant la porte de notre chambre je m'arrête. Dans quelques instants je vais annoncer la nouvelle à Rena. Je mets la main dans la poche de ma jupe. Il y a ma poupée. Treize centimètres et demi, je l'ai mesurée. Elle va bien avec moi, je ne suis pas très grande non plus. Rena a repassé de la peinture noire sur ses cheveux de celluloïd.

Tante Lou, chère tante Lou, pourquoi vouloir du miel quand le sucre est sucré aussi ?

TABLE DES MATIÈRES

POCKET *junior*

C'est ça la vie !

Tu as aimé ce livre !
En voici d'autres dans la même collection :

C'est moi qui fais la cuisine
Judie Angell

Quand on est un vrai cordon-bleu, quel job trouver pour les vacances ? Faire la cuisine pour les autres ! C'est ainsi que Charlotte, quinze ans, se lance avec succès dans le métier de traiteur. Aidée par ses camarades, elle est promue chef en herbe d'une entreprise qui croule sous les commandes. Tout va bien, sauf pour la mère de Charlotte qui ignore tout des activités de sa fille.

La grange
Avi

En cette année 1855, Ben doit brusquement quitter la pension dont il est le meilleur élève pour se rendre au chevet de son père. De retour à la ferme, et malgré l'opinion de ses aînés, Ben est persuadé que son père peut aller mieux. Il a même une idée formidable qui pourrait l'aider à guérir.

Le voyage de Mémé
Gil Ben Aych

La famille de Simon quitte Paris pour s'installer en banlieue. Le problème, c'est Mémé qui arrive d'Algérie. Pour déménager, elle ne veut prendre ni voiture, ni taxi, ni bus, ni métro, ni rien. Elle veut marcher, c'est tout. Munie de cachets contre le mal au cœur et de citrons pour la soif, elle se lance avec son petit-fils dans un incroyable périple de vingt kilomètres à pied !

La fuite
Tekenu Blacker

Pour ses quatorze ans, Nicky apprend que ses parents l'envoient en pension. Il y va la mort dans l'âme. Un jour, en voulant défendre un copain, il se fait tabasser par la terreur du collège et prend la fuite. Il retourne à Londres où il veut plaider sa cause auprès de son père. Mais là il fait une découverte familiale qu'il ne peut supporter et décide de prolonger sa fugue.

Anibal
Anne Bragance

Quand ses parents lui annoncent qu'ils vont adopter un petit Péruvien, Edgar croit qu'ils blaguent. Mais Anibal débarque avec sa bouille désarmante, ses crises d'asthme, et peu à peu Edgar craque. Ce petit frère, il se met à l'aimer autant que les fleurs dont il a la passion. À la fin de l'été, Edgar doit partir en pension. Être séparé d'Anibal ? Impossible. C'est la fugue.

Le cri du loup
Melvin Burgess

Ben a commis une grave erreur en révélant à un chasseur qu'il existait encore des loups dans le sud de l'Angleterre. Car ce chasseur est un fanatique, constamment à la recherche de proies inhabituelles. Très vite, l'homme n'a plus qu'une idée en tête : exterminer les loups jusqu'au dernier.

L'incroyable voyage
Sheila Burnford

Pour retrouver leurs maîtres, deux chiens et un chat se lancent dans une extraordinaire odyssée de cinq cents kilomètres dans le Nord-Ouest canadien. Ils devront traverser des torrents, franchir des montagnes, affronter des animaux sauvages... À force de courage, ils parviendront au bout de leur incroyable périple.

L'île des Chevaux
Eilis Dillon

On raconte que, sur l'île des Chevaux, des fantômes sortis de la mer ont fait périr tous ceux qui s'y sont aventurés. Malgré les avertissements, Pat et Danny débarquent sur l'île abandonnée. Ils y découvrent une vallée secrète, des chevaux sauvages et un incroyable étalon noir. En ramenant un poulain de leur expédition, ils mettent le doigt dans un engrenage qui va leur faire courir les pires dangers.

Y a qu'à les écrabouiller!
Heiderose & Andreas Fischer-Nagel

Le « trèfle à quatre feuilles » est le surnom des inséparables Lina et Lara, et de leurs cousins Lutz et Lucas. Une nuit, les enfants sauvent six bébés hérissons... Mais les soigner, les nourrir, leur construire des abris, quel emploi du temps! Surtout quand trente-six autres orphelins viennent rallier la « base pour hérissons »! Que faire quand on a la charge d'une si nombreuse famille ?...

Ana Laura Tango
Joachim Friedrich

Ana Laura est sûre d'avoir reconnu son père dans un taxi. Mais celui-ci est mort il y a tout juste deux ans. Serait-elle devenue folle ? Ana Laura n'a plus qu'une idée en tête : découvrir qui est cet homme. En menant son enquête, elle lève le voile sur un secret de famille dont la clé est liée à l'Argentine et au mot « tango ».

Six colonnes à la une
Pierre Gamarra

Toute la rédaction du quotidien Le Cri du Languedoc *est en effervescence : des incendies en série mettent la ville de Toulouse en émoi. Accident ou geste criminel? Personne ne le sait encore. Benoît Vallier, jeune journaliste plein de talent, mène sa propre enquête à partir d'une mystérieuse valise trouvée dans un village voisin.*

Au nom de tous les miens
Martin Gray

Du ghetto de Varsovie au camp de Treblinka, face à la mort qui frappe tous les siens et qui le frôle si souvent, Martin sait que sa seule arme est sa vie. A dix-sept ans, il prend tous les risques, connaît les souffrances les plus terribles mais n'abandonne jamais.

Toufdepoil
Claude Gutman

Sa maman partie, Bastien a dû apprendre à vivre seul avec son papa et Toufdepoil, son chien, son meilleur ami. Mais soudain tout est remis en question. Belle-Doche s'installe à la maison et déclare la guerre à Toufdepoil. « C'est lui ou moi. » Bastien prend peur. Son père est tout à fait capable de céder au chantage et de se débarrasser de son Toufdepoil.

La folle cavale de Toufdepoil
Claude Gutman

Toufdepoil, le chien de Bastien, est à la S.P.A. Bastien et son père le récupèrent au cours d'une expédition nocturne, provoquant ainsi la colère de Belle-Doche, qui ne veut pas de l'animal à la maison. Bastien, son papa et Toufdepoil prennent la fuite. A bord de leur 2 CV, les voilà partis pour un drôle de tour de France.

Pistolet-souvenir
Claude Gutman

Avec sa petite taille, ses vêtements et ses piètres résultats scolaires, Petit-Pierre est devenu la brebis galeuse et le souffre-douleur de la 6ᵉ D. Mais le jour où il débarque dans la classe, le visage tuméfié, plus personne ne rit. Julien décide de l'aider. Il réussit à gagner sa confiance et Petit-Pierre livre son terrible secret.

Penalty
Michael Hardcastle

Frédéric, jeune gardien de but, fait des débuts prometteurs en 1ʳᵉ division. Enthousiaste et acharné, il s'entraîne sans relâche pour devenir un grand champion de foot. Mais un jour, tout bascule... Un maître-chanteur lui intime l'ordre de « coopérer », pour éviter à sa sœur Zoé d'avoir les pires ennuis. Mais quels sont ces ennuis ? Et que signifie cette « coopération » ?

Béquille
Peter Härtling

1945 à Vienne. Thomas erre seul au milieu des ruines de la ville. Dans le désordre général, il a perdu sa mère. Il rencontre un homme qui sautille sur une jambe et qui se fait appeler Béquille. Peu à peu, ils s'apprivoisent l'un l'autre. Béquille est le roi du ravitaillement. Il prend Thomas en charge et s'occupe de rechercher sa maman.

Les oiseaux de nuit
Tormod Haugen

Entre Sara qui raconte n'importe quoi, Julie et Roa qui le traitent de trouillard, Roger qui joue les gros bras et Papa qui déprime, Joakim est en permanence sur le qui-vive. D'autant plus qu'il a une imagination débordante : sa voisine de palier est sûrement une sorcière, et dans l'armoire de sa chambre se cachent des milliers d'oiseaux prêts à l'attraper à la première occasion.

Le cœur en bataille
Marie-France Hébert

Qui m'aime ? se demande Léa. Plus personne... Même pas elle... et surtout pas les garçons. Elle se croit bien trop ordinaire pour séduire. Que vient alors faire Bruno, le plus beau garçon de la classe, dans tout ça ?

L'histoire d'Helen Keller
Lorena A. Hickok

Quel avenir peut avoir une fille de six ans, aveugle, sourde et muette ? Les parents d'Helen sont désespérés jusqu'au jour ou Ann Sullivan arrive chez eux pour tenter d'aider Helen à sortir de sa prison sans mots, ni couleurs ni sons. Les premiers échanges sont houleux, mais la persévérance d'Ann, l'intelligence et le désir d'apprendre d'Helen parviennent à vaincre l'impossible.

La bille magique
Minfond Ho

Dix ans après, Dara se souvient. Elle a douze ans. Avec sa famille, elle fuit son village natal au Cambodge, ravagé par la guerre. Réfugiée dans un camp à la frontière thaïlandaise, elle se lie d'amitié avec Jantu, une fille de son âge, et la vie reprend ses droits. Mais les combats se rapprochent. Il faut repartir. Dans l'exode, Dora se retrouve seule, avec pour tout bagage une bille d'argile, cadeau de Jantu.

La longue route d'une Zingarina
Sandra Jayat

Stellina, quinze ans, ne peut accepter le mariage arrangé que lui impose la coutume tzigane. Choisissant la liberté, elle quitte sa tribu, un matin à l'aube. Sans argent, avec pour tout bagage un petit ours en peluche, elle effectue un interminable voyage à pied qui la conduit des bords du lac Majeur à la frontière française.

Rasmus et le vagabond
Astrid Lindgren

Rasmus est malheureux à l'orphelinat, lui qui ne rêve que de liberté. Par un beau jour d'été, il décide de se sauver pour aller découvrir le monde et se chercher des parents. En chemin, il rencontre Oscar le vagabond, un merveilleux compagnon. La vie serait idéale si les gendarmes ne les prenaient pas pour des voleurs...

La cavale irlandaise
Walter Macken

Pour échapper à la brutalité de leur tuteur, deux enfants traversent l'Irlande dans l'espoir de rejoindre leur grand-mère. Ils font la une des journaux, sont poursuivis par la police et ne devront leur survie qu'à leur courage et leur ténacité. Parviendront-ils à retrouver un vrai foyer ?

Tony et le goéland
Sue Mayfield

Il y a des hauts et des bas dans la vie de Tony. Parmi les événements heureux : le but qu'il a marqué au foot, le goéland blessé qu'il a recueilli et surtout Claire qui pourrait bien être amoureuse de lui. Du côté des choses tristes, il y a la longue maladie de sa mère. Tony y pense tout le temps, mais il préfère ne pas en parler.

Adieu, mes douze ans
Betty Miles

Annie et Pamela s'entendent parfaitement. Elles pensent que douze ans est un âge merveilleux. Mais bientôt elles perçoivent des petits changements dans la vie, autour d'elles : une amie commence à se maquiller, une autre glousse en présence des garçons... Un jour, Pam annonce qu'elle va déménager... et cela perturbe beaucoup Annie.

Sans nom ni blason
Jacqueline Mirande

Nous sommes au Moyen Âge. Enfant trouvé dix-huit ans plus tôt, Guillaume semble avoir un destin tout tracé : serf du comte Bérard. Mais ce Bérard est une brute. Guillaume se révolte et doit alors s'enfuir. Sur sa route, il croise le mystérieux Bertrand. En sa compagnie, cette fuite devient vite une quête : Guillaume veut découvrir sa véritable identité.

Un regard dans la nuit
Judy Nunn

Une île au large de l'Australie. Là, vivent Jeremy, sa sœur Pao et leurs parents. Jeremy est aveugle mais il possède un don qui lui permet de « voir » d'une étrange façon... Un jour, débarque Hugo, leur cousin. Un matin, à l'aube, tous les trois partent en voilier. Mais la tempête éclate, le bateau fait naufrage, les enfants échouent sur une île et sont confrontés à de terribles dangers.

Un regard dans la ville
Judy Nunn

Jeremy est aveugle. Il a quitté la petite île où il habitait pour vivre à Sydney chez son cousin Hugo et fréquenter une école spécialisée. Un soir, il est enlevé. Par qui et pourquoi ? Utilisant sa « vision secrète » et ses dons de télépathie, Jeremy communique avec Hugo et sa sœur Pao qui volent à son secours.

La traque
Gary Paulsen

Chaque automne, John et son grand-père vont à la chasse au cerf, afin de se procurer de la viande pour l'hiver. Mais cette année, tout est différent. Le vieil homme est malade, et John, âgé de treize ans, devra partir seul. La veille de l'ouverture de la chasse, il aperçoit une biche près de la grange. Curieusement, elle ne s'enfuit pas à son approche...

Le nuage
Gudrun Pausewang

Une sirène d'alarme interrompt soudainement le cours de français auquel assiste Janna-Berta, une lycéenne allemande de quinze ans. Les élèves sont évacués en catastrophe. Le réacteur d'une centrale nucléaire de la région a explosé. Un nuage extrêmement irradiant s'en est échappé. Coincée au milieu d'une population paniquée, Janna-Berta ne peut éviter la contamination.

Cabot-Caboche
Daniel Pennac

Courageux, Le Chien ! Pas joli joli, mais sacré cabot ! Comme il se bagarre pour vivre ! Ce qu'il cherche ? Une maîtresse. Une vraie, qui l'aime pour de bon. Pomme lui plaît beaucoup, au Chien. Un grand rire, des cheveux comme un soleil... Hélas, elle est tellement capricieuse ! Une vraie caboche, cette Pomme. Comment Le Chien va-t-il l'apprivoiser ?

L'œil du loup
Daniel Pennac

Dans un zoo, un enfant et un vieux loup borgne se fixent, œil dans l'œil. Toute la vie du loup défile au fond de son œil : une vie sauvage en Alaska, une espèce menacée par les hommes. L'œil de l'enfant raconte la vie d'un petit Africain pour survivre, et qui possède un don précieux : celui de conter des histoires qui font rire et rêver...

À mort, les baleines
Nina Rauprich

Pour Manuel, fils, petit-fils et frère de baleinier, tuer les baleines, c'est naturel. Il n'y en a presque plus aujourd'hui et une étrangère déclare qu'il faut arrêter de les massacrer. Ridicule ! Manuel a toujours entendu dire que ces géants des mers sont des monstres dangereux et sournois. Un jour, Manuel assiste à sa première chasse à la baleine. Il est bouleversé...

La vie sans May
Cynthia Rylant

Pour Summer, douze ans, perdre May, celle qui a remplacé sa maman, est un événement très difficile à surmonter. Mais redonner le goût de la vie au vieil Ob, le mari de May, est encore plus difficile, malgré tout l'amour et la compréhension qu'elle y met. Heureusement, elle est aidée par Cletus, un garçon de sa classe. Lui seul distrait Ob de son chagrin.

L'esclave du tapis
George Selden

Orphelin à douze ans, Tim doit dire adieu à sa vie de bohème, auprès d'un père fou de sciences occultes et d'une drôle de voyante. Il s'installe chez tante Lucie, qui se déclare allergique à son chien Sam. Pour le garder, Tim s'en remet à la magie et convoque un Génie, enfermé dans une tapisserie. Celui-ci sauve Sam de la fourrière en le changeant... en homme !

Le chant de la baleine
Robert Siegel

Connaissez-vous la baleine à bosse ? De toutes ses cousines comme la bleue ou la blanche, c'est elle qui chante le mieux. C'est du moins ce que prétend Hruna, le baleineau poète. Il nous conte la merveilleuse histoire de son espèce, ses aventures en eaux profondes, ses amours avec la tendre Lewtë, et les combats des baleines contre leur plus redoutable ennemi, l'homme.

Marée noire sous la neige
Wolfgang Wegner, Evamaria Steinke

En Alaska, un pétrolier vient de heurter des récifs. En quelques heures, le pétrole transforme un des derniers paradis naturels du monde en un gigantesque cimetière marin. Huit enfants qui vivent tout près de là sauvent une jeune loutre de la marée noire. Pour eux, malgré l'ampleur de la catastrophe, la vie dans cet endroit qu'ils aiment tant doit continuer.

Nous, on les aime !
Dieuwke Winsemius

Sander n'en croit pas ses yeux : des chauves-souris ont élu domicile dans sa chambre ! Mais il n'a rien à craindre de ces petites bêtes à la réputation malfaisante. Au contraire, ce sont elles qui sont en danger et ont besoin d'être secourues... Sander et ses amis décident de les sauver. Mais la tâche est plus compliquée que prévu.

Le secret
Jacqueline Woodson

Marie a douze ans. Elle est noire. Sa famille vit dans l'aisance. Lena, elle aussi, a douze ans. Elle est blanche. Et pauvre. Au collège tout le monde la rejette. Sauf Marie. Une amitié profonde, faite de moments de bonheur, de complicité, de confidences. Mais les choses insoutenables que Lena finit par raconter à Marie sont-elles vraiment possibles ? A-t-on le droit de les tenir secrètes ?

Achevé d'imprimer en octobre 1997
par Maury-Eurolivres S.A.
45300 Manchecourt

Dépôt légal : novembre 1997

Imprimé en France